# Gastronomie la Temperatură Controlată

## Rețete pentru Perfecțiune Culinara

Andrei Dumitrescu

## Cuprins

aripioare de pui dulci-acri ........................................................... 9
Piept de pui cu citrice .............................................................. 11
Pui umplut cu anghinare .......................................................... 13
Crispy Bacon şi Wrap de pui .................................................... 14
Pui cu roşii uscate la soare ...................................................... 15
Pui de legume cu sos de soia. ................................................. 17
Salata de pui in stil chinezesc cu alune .................................... 19
Pranz de pui cu boia ................................................................ 21
Tocană de pui cu rozmarin ....................................................... 22
Pui crocant cu ciuperci ............................................................. 24
Preparat de pui cu ierburi şi dovlecel ....................................... 26
Pui cu coriandru cu sos de unt de arahide ............................... 28
Tocană de pui şi praz .............................................................. 30
Pulpe de pui cu muştar ............................................................ 32
Salată de pui cu brânză şi năut ................................................ 34
Pui cu brânză în straturi ........................................................... 36
Pui în stil chinezesc ................................................................. 38
Chiftele de pui cu oregano ....................................................... 40
Găina Cornish încărcată cu orez şi fructe de pădure ............... 42
Rulate Chessy Pui .................................................................... 44
Salată de pui şi mazăre cu mentă ............................................ 46
Pui cu ierburi cu sos de crema de ciuperci .............................. 48
Pui prajit crocant ...................................................................... 50
Salata verde de pui cu migdale ................................................ 52

Pui cu nucă de cocos cu lapte .................................................................... 54
Mâncare de pui și bacon în stil roman ...................................................... 56
Salată de roșii cherry, avocado și pui ........................................................ 58
Pui chili .......................................................................................................... 60
Aripioare de pui cu aromă de miere ........................................................... 62
Pui cu curry verde și tăiței ........................................................................... 64
Mini Pesto Mușcături de Pui cu Avocado .................................................. 66
Biluțe de pui cu brânză ................................................................................ 68
burgeri cu brânză de curcan ....................................................................... 70
Curcan umplut cu bacon si nuca invelit in sunca .................................... 72
Rulouri de omletă cu salată Caesar cu curcan ........................................ 75
Rula de salvie de curcan .............................................................................. 77
Piept de curcan cu cimbru ........................................................................... 80
Pesto Turkey Meatball Burgers ................................................................... 81
Piept de curcan cu nuci ............................................................................... 83
Mancare de curcan cu condimente ........................................................... 85
Curcan în sos de portocale ......................................................................... 86
Pulpe de curcan cu cimbru si rozmarin .................................................... 88
Piept de curcan cu cuisoare ....................................................................... 90
Piept de curcan cu marar si rozmarin ....................................................... 92
Rață prăjită dulce ......................................................................................... 94
Piept de rata cu cimbru t ............................................................................. 96
Gâscă portocalie confitată .......................................................................... 98
Paste cu creveți cu lămâie și brânză ......................................................... 100
Halibut cu sherry dulce și glazură miso .................................................... 102
Somon crocant cu glazură dulce de ghimbir ........................................... 104
Pește de citrice cu sos de cocos ................................................................ 106

Eglefin poșat cu lămâie și pătrunjel ..................108
Tilapia crocantă cu sos de muștar de arțar ..................110
Pește-spadă muștar ..................112
Omlete cu pește picant ..................114
Tortilă de vită măcinată ..................116
Frittata vegetariană ușoară ..................118
Sandwich cu ouă și avocado ..................120
Ouă de diavol ..................122
Ouă fierte ..................124
Ouă murate ..................125
Ouă moi și chili ..................127
Ouă Benedict ..................128
Ou omletă cu mărar și turmeric ..................129
oua ochiuri ..................130
Ouă în Bacon ..................131
Ouă de roșii cherry ..................132
Pastrama Scramble ..................133
Shakshuka de roșii ..................134
Tortila cu spanac ..................135
Omletă cu rucola și prosciutto ..................136
Omletă cu arpagic și ghimbir ..................137
Degete italiene de pui ..................138
Mușcături de pui cu cireșe ..................140
Pâine prăjită cu scorțișoară și curmal ..................142
Aripioare de pui cu ghimbir ..................144
Empanadas din carne ..................146
Verde de gulidă umplute ..................148

Pannini cu cârnați italieni cu ierburi .................................................. 150
Anghinare cu lamaie si usturoi ............................................................ 152
Crochete cu gălbenuș Panko ................................................................ 153
Hummus Chile .......................................................................................... 154
Tobe de muștar ...................................................................................... 155
Rotunde de vinete cu fistic ................................................................. 156
Dip de mazăre verde ............................................................................ 158
Cartofi pai ................................................................................................ 159
Salata de curcan cu castraveti .......................................................... 160
bile de ghimbir ....................................................................................... 162
Cod Bite Balls ......................................................................................... 163
Morcovi pentru copii glazurati ......................................................... 165
aripioare de pui calde ......................................................................... 166
Briose cu ceapă și bacon ................................................................... 167
Midiile în vin alb .................................................................................... 169
Tamari porumb pe stiule .................................................................... 170
Scoici cu Bacon ..................................................................................... 171
Aperitiv cu creveți ................................................................................ 172
Crema de ficat de pui .......................................................................... 173
Legume de dovleac cu ghimbir ........................................................ 175
cozi de homar ........................................................................................ 176
BBQ Tofu .................................................................................................. 177
Pâine prăjită franțuzească gustoasă ............................................... 178
Rață dulce și condimentată .............................................................. 179
Rubarbă Murată Sous Vide ................................................................ 181
Chiftele de curcan ................................................................................ 182
Pulpe dulci cu roșii uscate la soare ................................................. 184

Pui Adobe.................................................................................185

Chorizo fructat "Comeme" ....................................................186

Pui și ciuperci în sos Marsala...............................................187

Caise vanilie cu whisky.........................................................189

Hummus ușor condimentat...................................................190

Tobe de tei Kaffir..................................................................192

Piure de cartofi cu lapte cu rozmarin ....................................193

Frigarui de tofu dulci cu legume...........................................194

File de pui la Dijon................................................................196

Ardei umpluti cu morcovi si nuci..........................................198

Rata portocala cu boia si cimbru...........................................200

Pulpă de curcan înfășurată cu slănină...................................202

Amestecul de sparanghel și tarhon.......................................204

Fripturi picante de conopida.................................................206

Fâșii de cartofi Cayenne cu sos de maioneză.......................208

Rață untoasă și dulce.............................................................210

igname de unt .......................................................................211

Quiche cu spanac și ciuperci .................................................212

Porumb unt mexican.............................................................214

Pere cu brânză și nuci............................................................216

Broccoli și piure de brânză albastră......................................217

Dovlecel cu curry ..................................................................218

Cartofi dulci la cuptor cu nuci...............................................219

Sfeclă murată picant..............................................................220

Porumb unt picant.................................................................221

**aripioare de pui dulci-acri**

Timp de preparare + gătire: 2 ore 15 minute | Porții: 2

Ingrediente

12 aripioare de pui
Sare si piper negru dupa gust
1 cană amestec de pui prăjit
½ cană de apă
½ cană sos tamari
½ ceapă tocată
5 catei de usturoi, tocati
2 lingurite pudra de ghimbir
2 linguri de zahar brun
¼ cană mirin
Semințe de susan pentru a decora
Pastă de amidon de porumb (se amestecă 1 lingură de amidon de porumb și 2 linguri de apă)
Ulei de măsline pentru prăjit

Adrese

Pregătiți o baie de apă și puneți Sous Vide în ea. Setați la 147 F.

Puneți aripioarele de pui într-o pungă sigilată cu vid și asezonați cu sare și piper. Eliberați aerul prin metoda deplasării apei, sigilați și scufundați punga în baia de apă. Gatiti 2 ore. Odată ce temporizatorul s-a oprit, scoateți punga. Încinge o tigaie cu ulei.

Într-un castron, combinați 1/2 cană amestec de prăjit și 1/2 cană apă. Turnați restul amestecului de prăjit într-un alt bol. Înmuiați aripioarele în amestecul umed, apoi în amestecul uscat. Se prăjește timp de 1-2 minute până devine crocant și auriu.

Pentru sos se incinge o cratita si se toarna toate ingredientele; gătește până când devine clocotită. Amestecați aripile. Acoperiți cu semințe de susan și serviți.

## Piept de pui cu citrice

Timp de preparare + gătire: 3 ore | Porții: 2

Ingrediente

1½ lingurita suc de portocale proaspat stors

1½ lingurita suc de lamaie proaspat stors

1½ lingurita de zahar brun

1 lingura Pernod

1 lingura ulei de masline

1 lingura cereale integrale

1 lingurita de seminte de telina

Sarat la gust

¾ lingurita piper negru

2 piept de pui cu os si piele

1 fenicul, tăiat, feliat

2 clementine, nedecojite și tăiate felii

mărar tocat

Adrese

Pregătiți o baie de apă și puneți Sous Vide în ea. Setați-l la 146F.

Combinați într-un castron sucul de lămâie, sucul de portocale, Pernod, uleiul de măsline, semințele de țelină, zahărul brun, muștarul, sare și piper. Amesteca bine. Puneți pieptul de pui, clementina feliată și feniculul feliat într-o pungă sigilabilă în vid. Adăugați amestecul de portocale. Eliberați aerul prin metoda deplasării apei, sigilați și scufundați punga în baia de apă. Gatiti 2 ore si 30 de minute. Odată ce temporizatorul s-a oprit, scoateți punga și transferați conținutul într-un recipient. Scurgeți puiul și puneți sucurile de gătit într-o cratiță fierbinte.

Fierbeți aproximativ 5 minute, până când devine clocotită. Scoateți și puneți în pui. Gatiti timp de 6 minute pana devine maro auriu. Serviți puiul pe un platou și glazurați cu sos. Se ornează cu mărar și frunze de fenicul.

## Pui umplut cu anghinare

Timp de preparare + gătire: 3 ore 15 minute | Porții: 6

Ingrediente:

2 kg file de piept de pui, tăiate în formă de fluture
½ cană de spanac baby tocat
8 catei de usturoi, macinati
10 inimioare de anghinare
Sare si piper alb dupa gust
4 linguri ulei de masline

Adrese:

Combinați anghinarea, ardeiul și usturoiul într-un robot de bucătărie. Amestecați până la omogenizare completă. Pulsați din nou și adăugați treptat uleiul până se încorporează bine.

Umpleți fiecare piept cu cantități egale de amestec de anghinare și spanac tocat. Îndoiți din nou fileul de piept și fixați marginea cu o frigărui de lemn. Se condimentează cu sare și piper alb și se transferă în pungi separate care se sigilează în vid. Sigilați pungile și gătiți Sous Vide timp de 3 ore la 149 F.

**Crispy Bacon și Wrap de pui**

Timp de preparare + gătire: 3 ore 15 minute | Porții: 2

Ingrediente

1 piept de pui
2 fasii de bacon
2 linguri muștar de Dijon
1 lingură brânză Pecorino Romano rasă

Adrese

Pregătiți o baie de apă și puneți Sous Vide în ea. Setați la 146 F. Combinați puiul cu sare. Marinați cu muștar de Dijon pe ambele părți. Acoperiți cu brânză Pecorino Romano și înfășurați pancetta în jurul puiului.

Puneți într-o pungă sigilabilă în vid. Eliberați aerul prin metoda deplasării apei, sigilați și scufundați punga în baia de apă. Gatiti 3 ore. Odată ce cronometrul s-a oprit, scoateți puiul și uscați-l. Se încălzește o tigaie la foc mediu și se rumenește până devine crocantă.

## Pui cu roșii uscate la soare

Timp de preparare + gătire: 1 oră 15 minute | Porții: 3

Ingrediente:

1 kg piept de pui, fără piele și dezosat

½ cană de roșii uscate

1 lingurita miere cruda

2 linguri suc proaspăt de lămâie

1 lingura de menta proaspata, tocata marunt

1 lingură eșalotă tocată

1 lingura ulei de masline

Sare si piper negru dupa gust

Adrese:

Clătiți pieptul de pui sub jet de apă rece și uscați cu hârtie de bucătărie. Pus deoparte.

Într-un castron mediu, combinați sucul de lămâie, mierea, menta, eșalota, uleiul de măsline, sare și piper. Se amestecă până se încorporează bine. Adăugați pieptul de pui și roșiile uscate la soare. Agitați pentru a acoperi totul bine. Transferați totul într-o pungă mare care se sigilează cu vid. Apăsați punga pentru a elimina aerul și a sigila capacul. Gătiți sous vide timp de 1 oră la 167 F. Scoateți din baia de apă și serviți imediat.

**Pui de legume cu sos de soia.**

Timp de preparare + gătire: 6 ore 25 minute | Porții: 4

Ingrediente

1 pui întreg cu os, legat
1 litru de supă de pui cu conținut scăzut de sodiu
2 linguri sos de soia
5 crengute de salvie proaspata
2 frunze de dafin uscate
2 căni de morcovi tăiați felii
2 căni de țelină feliată
½ oz ciuperci uscate
3 linguri de unt

Adrese

Pregătiți o baie de apă și puneți Sous Vide în ea. Setați-l la 149F.

Combinați sosul de soia, bulionul de pui, ierburile, legumele și puiul. Puneți într-o pungă sigilabilă în vid. Eliberați aerul prin metoda deplasării apei, sigilați și scufundați punga în baia de apă. Gatiti timp de 6 ore.

Odată ce cronometrul s-a oprit, scoateți puiul și scurgeți legumele. Se usucă cu o foaie de copt. Se condimentează cu ulei de măsline, sare și piper. Încinge cuptorul la 450 F. și coace timp de 10 minute. Într-o cratiță, amestecați sucurile de gătit. Se ia de pe foc si se amesteca cu untul. Tăiați puiul fără piele și asezonați cu sare kosher și piper negru măcinat. Serviți într-un castron. Acoperiți cu sos.

## Salata de pui in stil chinezesc cu alune

Timp de preparare + gătire: 1 oră 50 minute | Porții: 4

Ingrediente

4 piepti mari de pui, dezosati si fara piele

Sare si piper negru dupa gust

¼ cană miere

¼ cană sos de soia

3 linguri de unt de arahide topit

3 linguri ulei de susan

2 linguri ulei vegetal

4 lingurite de otet

½ lingurita boia afumata

1 cap de salata iceberg, tocata

3 arpagic tocat

¼ cană alune feliate, prăjite

¼ cană semințe de susan prăjite

2 cesti fasii wonton

Adrese

Pregătiți o baie de apă și puneți Sous Vide în ea. Setați-l la 152 F.

Combinați puiul cu sare și piper și puneți-l într-o pungă sigilată în vid. Eliberați aerul prin metoda deplasării apei, sigilați și scufundați punga în baia de apă. Gatiti 90 de minute.

Între timp, combinați mierea, sosul de soia, untul de arahide, uleiul de susan, uleiul vegetal, oțetul și boia de ardei. Se amestecă până se omogenizează. Se lasa sa se raceasca in frigider.

Odată ce cronometrul s-a oprit, scoateți puiul și uscați-l cu un prosop de bucătărie. Aruncați sucurile de gătit. Tăiați puiul în felii mici și transferați-l într-un bol de salată. Adăugați salata verde, arpagicul și alunele. Acoperiți cu pansament. Se ornează cu semințe de susan și fâșii de wonton.

## Pranz de pui cu boia

Timp de preparare + gătire: 1 oră 15 minute | Porții: 2

Ingrediente

1 piept de pui dezosat, taiat in jumatate
Sare si piper negru dupa gust
Piper dupa gust
1 lingura boia
1 lingura praf de usturoi

Adrese

Pregătiți o baie de apă și puneți Sous Vide în ea. Setați la 149 F. Scurgeți puiul și uscați-l pe o tavă de copt. Se condimentează cu pudră de usturoi, boia de ardei, piper și sare. Puneți într-o pungă sigilabilă în vid. Eliberați aerul prin metoda deplasării apei, etanșați și scufundați-l în baia de apă. Gatiti 1 ora. Odată ce cronometrul s-a oprit, scoateți puiul și serviți.

**Tocană de pui cu rozmarin**

Timp de preparare + gătire: 4 ore 15 minute | Porții: 2

Ingrediente

2 pulpe de pui
6 catei de usturoi, macinati
¼ linguriță piper negru întreg
2 foi de dafin
¼ cană sos de soia închis
¼ cană oțet alb
1 lingura rozmarin

Adrese

Pregătiți o baie de apă și puneți Sous Vide în ea. Setați la 165 F. Combinați pulpele de pui cu toate ingredientele. Puneți într-o pungă sigilabilă în vid. Eliberați aerul prin metoda deplasării apei, etanșați și scufundați-l într-o baie de apă. Gatiti 4 ore.

Odată ce cronometrul s-a oprit, scoateți puiul, aruncați foile de dafin și rezervați sucurile de gătit. Se încălzește uleiul de canola într-o tigaie la foc mediu și se rumenește puiul.

Adăugați sucurile de gătit și gătiți până la consistența dorită. Strecurați sosul și acoperiți puiul.

## Pui crocant cu ciuperci

Timp de preparare + gătire: 1 oră 15 minute | Porții: 4

Ingrediente

4 piept de pui dezosat

1 cană pesmet panko

1 kilogram de ciuperci portobello feliate

Bucheță mică de cimbru

2 oua

Sare si piper negru dupa gust

Ulei de canola dupa gust

Adrese

Pregătiți o baie de apă și puneți Sous Vide în ea. Setați-l la 149F.

Pune puiul într-o pungă sigilată cu vid. Se condimentează cu sare și cimbru. Eliberați aerul prin metoda deplasării apei, etanșați și scufundați-l într-o baie de apă. Gatiti 60 de minute.

Între timp, încălziți o tigaie la foc mediu. Gatiti ciupercile pana se evapora apa. Adăugați 3-4 crenguțe de cimbru. Condimentați cu sare și piper. Odată ce temporizatorul s-a oprit, scoateți punga.

Încinge o tigaie cu ulei la foc mediu. Se amestecă panko cu sare și piper. Puneți puiul în amestecul de panko. Se prăjește 1-2 minute pe fiecare parte. Serviți cu ciuperci.

**Preparat de pui cu ierburi și dovlecel**

Timp de preparare + gătire: 1 oră 15 minute | Porții: 2

Ingrediente

6 muschi de pui

4 cani de dovleac, tocat si prajit

4 cani de rucola

4 linguri migdale feliate

Suc de 1 lămâie

2 linguri ulei de masline

4 linguri ceapa rosie tocata

1 lingura boia

1 lingura turmeric

1 lingura chimen

Sarat la gust

Adrese

Pregătiți o baie de apă și puneți Sous Vide în ea. Setați-l la 138F.

Pune puiul și toate condimentele într-o pungă sigilată sub vid. Eliberați aerul prin metoda deplasării apei, etanșați și scufundați-l într-o baie de apă. Gatiti 60 de minute.

Odată ce cronometrul s-a oprit, scoateți punga și transferați puiul într-o tigaie fierbinte. Se prăjește timp de 1 minut pe fiecare parte. Într-un bol, combinați ingredientele rămase. Serviți puiul cu salata.

## Pui cu coriandru cu sos de unt de arahide

Timp de preparare + gătire: 1 oră 40 minute | Porții: 2

Ingrediente

4 piept de pui

1 plic de salată mixtă

1 buchet de coriandru

2 castraveți

2 morcovi

1 pachet de ambalaje wonton

Ulei pentru prajit

¼ cană unt de arahide

Suc de 1 lime

2 linguri coriandru tocat

3 catei de usturoi

2 linguri de ghimbir proaspăt

½ cană de apă

2 linguri de otet alb

1 lingura sos de soia

1 lingurita sos de peste

1 lingurita ulei de susan

3 linguri ulei de canola

Adrese

Pregătiți o baie de apă și puneți Sous Vide în ea. Setați la 149 F. Asezonați puiul cu sare și piper și puneți-l într-o pungă sigilată cu vid. Eliberați aerul prin metoda deplasării apei, sigilați și scufundați punga în baia de apă. Gatiti 60 de minute. Tăiați castraveții, coriandru și morcovi și combinați cu salata.

Se încălzește o oală la 350 F. și se umple cu ulei. Tăiați ambalajele wonton în bucăți și prăjiți până devin crocante. Într-un robot de bucătărie, puneți untul de arahide, sucul de lămâie, ghimbir proaspăt, coriandru, apă, oțet alb, sos de pește, sos de soia, susan și ulei de canola. Se amestecă până la omogenizare.

Odată ce cronometrul a ajuns, scoateți puiul și transferați-l într-o tigaie fierbinte. Se prăjește timp de 30 de secunde pe fiecare parte. Se amestecă fâșiile de wonton cu salata. Tăiați puiul în felii. Serviți deasupra salatei. Stropiți cu dressing.

**Tocană de pui și praz**

Timp de preparare + gătire: 70 minute | Porții: 4

Ingrediente

6 piept de pui fara piele
Sare si piper negru dupa gust
3 linguri de unt
1 praz mare, tăiat în cruce
½ cană panko
2 linguri patrunjel tocat
1 oz brânză Cooundy Jack
1 lingura ulei de masline

Adrese

Pregătiți o baie de apă și puneți Sous Vide în ea. Setați-l la 146F.

Pune pieptul de pui într-o pungă sigilată cu vid. Condimentați cu sare și piper. Eliberați aerul prin metoda deplasării apei, etanșați și scufundați-l într-o baie de apă. Gatiti 45 de minute.

Intre timp se incinge o tigaie la foc mare cu unt si se caleste prazul. Condimentați cu sare și piper. Amesteca bine. Se reduce focul și se lasă la fiert 10 minute.

Încinge o tigaie la foc mediu cu unt și adaugă panko. Gatiti pana se prajesc. Transferați într-un bol și combinați cu brânză cheddar și pătrunjel tocat. Odată ce cronometrul s-a oprit, scoateți sânii și uscați-i. Se incinge o tigaie la foc mare cu ulei de masline si se rumeneste puiul 1 minut pe fiecare parte. Se servește peste praz și se decorează cu amestec de panko.

**Pulpe de pui cu muștar**

Timp de preparare + gătire: 2 ore 30 minute | Porții: 4

Ingrediente

4 pulpe întregi de pui
Sare si piper negru dupa gust
2 linguri ulei de masline
2 salote, feliate subtiri
3 catei de usturoi, feliati subtiri
½ cană de vin alb sec
1 cană supă de pui
¼ cană muştar integral
1 cană jumătate şi jumătate smântână
1 lingurita turmeric
2 linguri tarhon proaspat, tocat
1 lingura de cimbru proaspat tocat

Adrese

Pregătiți o baie de apă şi puneți Sous Vide în ea. Setați la 172 F. Asezonați puiul cu sare şi piper. Se incinge uleiul de masline intr-o tigaie la foc mare si se rumenesc pulpele de pui timp de 5-7 minute. Pus deoparte.

In aceeasi tigaie adaugam salota si usturoiul. Gatiti 5 minute. Adăugați vinul alb și gătiți timp de 2 minute până când devine spumoasă. Scoateți și turnați supa de pui și muștarul.

Combinați sosul de muștar cu pui și puneți-l într-o pungă sigilată în vid. Eliberați aerul prin metoda deplasării apei, etanşați și scufundați-l într-o baie de apă. Gatiti 2 ore.

Odată ce cronometrul s-a oprit, scoateți punga, lăsați puiul deoparte și separați lichidele de gătit. Într-o cratiță încinsă, puneți lichidele de gătit și smântâna și jumătate. Gatiti pana cand se evapora pe jumatate. Luați de pe foc și combinați tarhonul, turmericul, cimbru și pulpele de pui. Amesteca bine. Se condimentează cu sare și piper și se serveşte.

**Salată de pui cu brânză și năut**

Timp de preparare + gătire: 1 oră 30 minute | Porții: 2

Ingrediente

6 muschii din piept de pui, dezosati, fara piele
4 linguri ulei de masline
2 linguri sos iute
1 lingurita chimen macinat
1 lingurita zahar brun deschis
1 lingurita de scortisoara pudra
Sare si piper negru dupa gust
1 conserve de năut scurs
½ cană brânză feta mărunțită
½ cană de brânză proaspătă mărunțită
½ cană busuioc mărunțit
½ cană de mentă proaspăt tăiată
4 lingurițe de nuci de pin prăjite
2 lingurite de miere
2 lingurite suc de lamaie proaspat stors

Adrese

Pregătiți o baie de apă și puneți Sous Vide în ea. Setați la 138 F. Puneți pieptul de pui, 2 linguri de ulei de măsline, sosul iute, zahărul brun, chimenul și scorțișoara într-o pungă sigilată în vid. Condimentați cu sare și piper. Eliberați aerul prin metoda deplasării apei, sigilați și scufundați punga în baia de apă. Gatiti 75 de minute.

Între timp, combinați năutul, busuiocul, brânza proaspătă, menta și nucile de pin într-un castron. Se toarnă mierea, sucul de lămâie și 2 linguri de ulei de măsline. Condimentați cu sare și piper. Odată ce cronometrul s-a oprit, scoateți puiul și tăiați-l în bucăți. Aruncați sucurile de gătit. Se amestecă salata și puiul, se amestecă bine și se servește.

**Pui cu brânză în straturi**

Timp de preparare + gătire: 60 minute | Porții: 2

Ingrediente

2 piept de pui, dezosat si fara piele
Sare si piper negru dupa gust
2 lingurite de unt
4 căni de salată verde
1 roșie mare, feliată
1 uncie brânză cheddar, feliată
2 linguri ceapa rosie, taiata cubulete
frunze proaspete de busuioc
1 lingura ulei de masline
2 felii de lamaie de servit

Adrese

Pregătiți o baie de apă și puneți Sous Vide în ea. Setați-l la 146F.

Pune puiul într-o pungă sigilată cu vid. Condimentați cu sare și piper. Eliberați aerul prin metoda deplasării apei, sigilați și scufundați punga în baia de apă. Gatiti 45 de minute.

Odată ce cronometrul s-a oprit, scoateți puiul și aruncați sucul de gătit. Încinge o tigaie la foc mare cu unt. Prăjiți puiul până devine auriu. Transferați pe o farfurie de servire. Puneți salata verde între pui și deasupra cu roșii, ceapă roșie, brânză cheddar și busuioc. Stropiți cu ulei de măsline, sare și piper. Serviți cu felii de lămâie.

**Pui în stil chinezesc**

Timp de preparare + gătire: 1 oră 35 minute | Porții: 6

Ingrediente

1½ kg piept de pui, dezosat și fără piele
¼ cana ceapa tocata marunt
2 linguri sos Worcestershire
1 lingura miere
1 lingurita ulei de susan
1 catel de usturoi, tocat
¾ linguriță praf de cinci condimente chinezești

Adrese

Pregătiți o baie de apă și puneți Sous Vide în ea. Setați-l la 146F.

Puneți puiul, ceapa, mierea, sosul Worcestershire, uleiul de susan, usturoiul și cinci condimente într-o pungă sigilată în vid. Eliberați aerul prin metoda deplasării apei, sigilați și scufundați punga în baia de apă. Gatiti 75 de minute. Încinge o tigaie la foc mediu. Odată ce cronometrul s-a oprit, scoateți punga și puneți-o în tigaie. Se caleste timp de 5 minute pana devine maro auriu. Tăiați puiul în medalioane.

**Chiftele de pui cu oregano**

Timp de preparare + gătire: 2 ore 20 minute | Porții: 4

Ingrediente

1 kilogram de pui măcinat
1 lingura ulei de masline
2 catei de usturoi, tocati
1 lingurita de oregano proaspat, tocat
Sarat la gust
1 lingura chimen
½ lingurita coaja de lamaie
½ lingurita piper negru
¼ cană pesmet panko
Felii de lamaie

Adrese

Pregătiți o baie de apă și puneți Sous Vide în ea. Setați la 146 F. Combinați puiul măcinat, usturoiul, uleiul de măsline, oregano, coaja de lămâie, chimenul, sare și piper într-un castron. Cu mâinile, faceți cel puțin 14 chiftele. Puneți chiftelele într-un sac sigilat sub vid. Eliberați aerul prin metoda deplasării apei, sigilați și scufundați punga în baia de apă. Gatiti 2 ore.

Odată ce cronometrul s-a oprit, scoateți punga și transferați chiftelele pe o tavă de copt, tapetată cu folie de aluminiu. Se incinge o tigaie la foc mediu si se rumenesc chiftelele timp de 7 minute. Acoperiți cu felii de lămâie.

## Găina Cornish încărcată cu orez și fructe de pădure

Timp de preparare + gătire: 4 ore 40 minute | Porții: 2

Ingrediente

2 găini întregi din Cornish
4 linguri de unt plus 1 lingura in plus
2 cani de ciuperci shitake, feliate subtiri
1 cană de praz, tocat mărunt
¼ cană nuci, tocate
1 lingura de cimbru proaspat tocat
1 cană de orez sălbatic fiert
¼ cană de afine uscate
1 lingura miere

Adrese

Pregătiți o baie de apă și puneți Sous Vide în ea. Setați-l la 149F.

Încinge 4 linguri de unt într-o tigaie la foc mediu, odată topite se adaugă ciupercile, cimbrul, prazul și nucile. Gatiti 5-10 minute. Pune orezul și merisoarele. Scoateți de pe foc. Se lasa sa se raceasca 10 minute. Umpleți cavitățile puilor cu amestecul. Leagă picioarele.

Puneți puii într-o pungă sigilată cu vid. Eliberați aerul prin metoda deplasării apei, sigilați și scufundați punga în baie. Gatiti 4 ore. Încinge o tigaie la foc mare. Într-un castron, combinați mierea și 1 lingură de unt topit. Se toarnă peste pui. Rumeniți puii timp de 2 minute și serviți.

**Rulate Chessy Pui**

Timp de preparare + gătire: 1 oră 45 minute | Porții: 2

Ingrediente

1 piept de pui
¼ cană cremă de brânză
¼ cană de ardei roșu prăjit tăiat juliană
½ cană rucola lejer
6 felii de prosciutto
Sare si piper negru dupa gust
1 lingura ulei

Adrese

Pregătiți o baie de apă și puneți Sous Vide în ea. Setați la 155 F. Scurgeți puiul și amestecați până când este foarte gros. Apoi se taie în jumătate și se condimentează cu sare și piper. Întindeți 2 linguri de brânză cremă și adăugați deasupra ardei roșu prăjit și rucola.

Rulați sânii ca sushi și puneți 3 straturi de prosciutto și rulați sânii. Puneți într-o pungă sigilabilă în vid. Eliberați aerul prin metoda deplasării apei, etanșați și scufundați-l într-o baie de apă. Gatiti 90 de minute. Odată ce cronometrul s-a oprit, scoateți puiul din pungă și rumeniți-l. Tăiați în felii mici și serviți.

## Salată de pui și mazăre cu mentă

Timp de preparare + gătire: 1 oră 30 minute | Porții: 2

Ingrediente

6 muschii din piept de pui, dezosati
4 linguri ulei de masline
Sare si piper negru dupa gust
2 căni de mazăre, albită
1 cană de mentă proaspăt tăiată
½ cană de brânză proaspătă mărunțită
1 lingura suc de lamaie proaspat stors
2 lingurite de miere
2 lingurite otet de vin rosu

Adrese

Pregătiți o baie de apă și puneți Sous Vide în ea. Setați-l la 138F.

Pune puiul cu ulei de măsline într-o pungă sigilată în vid. Condimentați cu sare și piper. Eliberați aerul prin metoda deplasării apei, sigilați și scufundați punga în baia de apă. Gatiti 75 de minute.

Într-un castron, combinați mazărea, brânza proaspătă și menta. Amestecați sucuri de lămâie, oțet de vin roșu, miere și 2 linguri de ulei de măsline. Condimentați cu sare și piper.

Odată gata, scoateți puiul și tăiați-l în bucăți. Aruncați lichidele de gătit. A se prezenta, frecventa.

## Pui cu ierburi cu sos de crema de ciuperci

Timp de preparare + gătire: 4 ore 15 minute | Porții: 2

Ingrediente

pentru pui

2 piept de pui dezosati, fara piele

Sarat la gust

1 lingură mărar

1 lingura turmeric

1 lingurita ulei vegetal

Pentru sos

3 salote tocate

2 catei de usturoi, tocati

1 lingurita ulei de masline

2 linguri de unt

1 cană ciuperci feliate

2 linguri de vin de porto

½ cană supă de pui

1 cană brânză de capră

¼ lingurita piper negru macinat

Adrese

Pregătiți o baie de apă și puneți Sous Vide în ea. Setați la 138 F. Puneți puiul asezonat cu sare și piper într-o pungă sigilată cu vid. Eliberați aerul prin metoda deplasării apei, sigilați și scufundați punga în baia de apă. Gatiti timp de 4 ore.

Odată ce cronometrul s-a oprit, scoateți punga și transferați-o într-o baie de gheață. Lasati sa se raceasca si sa se usuce. Pus deoparte. Se încălzește uleiul într-o tigaie la foc mare, se adaugă șalota și se fierbe 2-3 minute. Se pune untul, mararul, turmericul si usturoiul, se mai fierbe inca 1 minut. Adăugați ciupercile, vinul și bulionul. Gatiti 2 minute, apoi turnati crema. Continuați să gătiți până când sosul se îngroașă. Condimentați cu sare și piper. Încinge un grătar până devine afumat. Ungeți puiul cu ulei și rumeniți 1 minut pe fiecare parte. Acoperiți cu sos.

**Pui prajit crocant**

Timp de preparare + gătire: 2 ore | Porții: 4

Ingrediente

8 pulpe de pui

Sare si piper negru dupa gust

Pentru amestecul umed

2 căni de lapte de soia

1 lingura suc de lamaie

Pentru amestec uscat

1 cană de făină

1 cană făină de orez

½ cană amidon de porumb

2 linguri de boia

1 lingura de ghimbir

Sare si piper negru dupa gust

Adrese

Pregătiți o baie de apă și puneți Sous Vide în ea. Setați la 154 F. Puneți puiul asezonat cu piper și sare într-o pungă sigilată în vid. Eliberați aerul prin metoda deplasării apei, etanșați și scufundați-l într-o baie de apă. Gatiti 1 ora.

Odată ce temporizatorul s-a oprit, scoateți punga. Se lasa sa se raceasca 15 minute. Încinge o tigaie cu ulei la 400-425 F. Într-un castron, combina laptele de soia și sucul de lămâie pentru a obține amestecul umed. Într-un alt bol, amestecați făina proteică, făina de orez, amidonul de porumb, ghimbirul, boia de ardei, sare și piper măcinat pentru a obține amestecul uscat.

Înmuiați puiul în amestecul uscat și apoi în amestecul umed. Repetați încă de 2-3 ori. Așezați pe un grătar. Repetați procesul până când puiul este terminat. Prăjiți puiul timp de 3-4 minute. Se da deoparte, se lasa sa se raceasca 10-15 minute. Acoperiți cu felii de lămâie și sos.

## Salata verde de pui cu migdale

Timp de preparare + gătire: 95 minute | Porții: 2

Ingrediente

2 piept de pui fara piele

Sare si piper negru dupa gust

1 cană de migdale

1 lingura ulei de masline

2 linguri de zahar

4 ardei iute roșii, tăiați subțiri

1 catel de usturoi curatat de coaja

3 linguri sos de peste

2 lingurite suc de lamaie proaspat stors

1 cana coriandru tocat

1 arpagic, feliat subțire

1 tulpină de lemongrass, doar partea albă, feliată

1 bucată de 2 inchi de ghimbir, tăiat juliană

Adrese

Pregătiți o baie de apă și puneți Sous Vide în ea. Setați la 138 F. Puneți puiul asezonat cu sare și piper într-o pungă sigilată cu vid. Eliberați aerul prin metoda deplasării apei, sigilați și scufundați punga în baia de apă. Gatiti 75 de minute.

După 60 de minute, încălziți uleiul de măsline într-o cratiță la 350 F. Prăjiți migdale timp de 1 minut până se usucă. Bate zahărul, usturoiul și chili. Se toarnă sosul de pește și sucul de lămâie.

Odată gata, scoateți punga și lăsați-o să se răcească. Tăiați puiul în bucăți și puneți-l într-un castron. Se toarnă dressingul și se amestecă bine. Adăugați coriandru, ghimbir, iarbă de lămâie și migdale prăjite. Se ornează cu chili și se servește.

**Pui cu nucă de cocos cu lapte**

Timp de preparare + gătire: 75 minute | Porții: 2

Ingrediente

2 piept de pui
4 linguri lapte de cocos
Sare si piper negru dupa gust

Pentru sos

4 linguri sos satay
2 linguri lapte de cocos
Un praf de sos tamari

Adrese

Pregătiți o baie de apă și puneți Sous Vide în ea. Setați-l la 138F.

Pune puiul într-o pungă sigilată în vid și asezonează cu sare și piper. Adăugați 4 linguri de lapte. Eliberați aerul prin metoda deplasării apei, sigilați și scufundați punga în baia de apă. Gatiti 60 de minute.

Odată ce temporizatorul s-a oprit, scoateți punga. Combinați ingredientele pentru sos și puneți la microunde timp de 30 de secunde. Tăiați puiul în felii. Se serveste pe o farfurie si se glazureaza cu sosul.

## Mâncare de pui și bacon în stil roman

Timp de preparare + gătire: 1 oră 40 minute | Porții: 4

Ingrediente

4 piepti mici de pui, dezosati si fara piele
8 frunze de salvie
4 bucati de bacon, feliate subtiri
Piper negru după gust
1 lingura ulei de masline
2 oz brânză fontina rasă

Adrese

Pregătiți o baie de apă și puneți Sous Vide în ea. Setați la 146 F. Asezonați puiul cu sare și piper. Deasupra cu 2 frunze de salvie si 1 felie de bacon. Puneți-le într-o pungă sigilată cu vid. Eliberați aerul prin metoda deplasării apei, sigilați și scufundați punga în baia de apă. Gatiti 90 de minute.

Odată ce temporizatorul s-a oprit, scoateți punga și uscați. Se incinge uleiul intr-o tigaie la foc mare si se rumeneste puiul 1 minut. Întoarceți puiul și acoperiți cu 1 lingură de brânză fontina. Acoperiți tava și lăsați brânza să se topească. Serviți puiul pe un platou și decorați cu frunze de salvie.

## Salată de roșii cherry, avocado și pui

Timp de preparare + gătire: 1 oră 30 minute | Porții: 2

Ingrediente

1 piept de pui

1 avocado feliat

10 bucăți de roșii cherry tăiate în jumătate

2 cani de salata verde tocata

2 linguri ulei de masline

1 lingura suc de lamaie

1 cățel de usturoi zdrobit

Sare si piper negru dupa gust

2 lingurite sirop de artar

Adrese

Pregătiți o baie de apă și puneți Sous Vide în ea. Setați la 138 F. Puneți puiul într-o pungă sigilabilă în vid. Condimentați cu sare și piper. Eliberați aerul prin metoda deplasării apei, sigilați și scufundați punga în baia de apă. Gatiti 75 de minute.

Odată ce cronometrul s-a oprit, scoateți puiul. Încinge uleiul într-o tigaie la foc mediu. Rumeniți piepții timp de 30 de secunde și tăiați felii. Într-un castron, combinați usturoiul, sucul de lămâie, siropul de arțar și uleiul de măsline. Adaugati salata verde, rosiile cherry si avocado. Amesteca bine. Serviți salata și puneți deasupra pui.

**Pui chili**

Timp de preparare + gătire: 2 ore 15 minute | Porții: 2

Ingrediente

4 pulpe de pui

2 linguri ulei de masline

Sare si piper negru dupa gust

1 cățel de usturoi zdrobit

3 linguri sos de peste

¼ cană suc de lămâie

1 lingura de zahar

3 linguri busuioc tocat

3 linguri coriandru tocat

2 ardei iute roșii (semințe), tocați

1 lingura sos dulce chili

1 lingura sos chili verde

Adrese

Pregătiți o baie de apă și puneți Sous Vide în ea. Setați la 149 F. Rulați puiul în folie de plastic și lăsați să se răcească. Puneți într-o pungă sigilabilă în vid cu ulei de măsline, sare și piper. Eliberați aerul prin metoda deplasării apei, sigilați și scufundați punga în baia de apă. Gatiti 2 ore.

Odată ce cronometrul s-a oprit, scoateți puiul și tăiați-l în 4-5 bucăți. Se încălzește uleiul vegetal într-o tigaie la foc mediu și se rumenește până devine crocant. Într-un castron, combinați toate ingredientele pentru dressing și lăsați deoparte. Serviți puiul, asezonați cu sare și acoperiți cu dressing.

## Aripioare de pui cu aromă de miere

Timp de preparare + gătire: 135 minute | Porții: 2

Ingrediente

¾ lingurita sos de soia

¾ linguriță vin de orez

¾ lingurita miere

¼ de linguriță cinci condimente

6 aripioare de pui

½ inch ghimbir proaspăt

buzdugan măcinat de ½ inch

1 catel de usturoi, tocat

Arpagic feliat pentru a servi

Adrese

Pregătiți o baie de apă și puneți Sous Vide în ea. Setați-l la 160F.

Într-un castron, combinați sosul de soia, vinul de orez, mierea și cinci condimente. Puneți aripioarele de pui și usturoiul într-o pungă sigilată cu vid. Eliberați aerul prin metoda deplasării apei, sigilați și scufundați punga în baia de apă. Gatiti 2 ore.

Odată ce cronometrul s-a oprit, scoateți aripioarele și transferați-le pe o tavă de copt. Se coace la cuptor timp de 5 minute la 380 F. Se serveste pe un platou si se orneaza cu ceapa taiata felii.

## Pui cu curry verde și tăiței

Timp de preparare + gătire: 3 ore | Porții: 2

Ingrediente

1 piept de pui, dezosat si fara piele

Sare si piper negru dupa gust

1 cutie (13,5 oz) lapte de cocos

2 linguri pasta de curry verde

1¾ cani supa de pui

1 cană ciuperci shiitake

5 frunze de tei kaffir, tăiate la jumătate

2 linguri sos de peste

1½ linguri de zahar

½ cană frunze de busuioc thailandez, tocate

2 uncii cuiburi de tăiței de ou fierte

1 cana coriandru, tocat

1 cană muguri de fasole

2 linguri taitei prajiti

2 ardei iute roșii, tocați

Adrese

Pregătiți o baie de apă și puneți Sous Vide în ea. Setați la 138 F. Asezonați puiul cu sare și piper. Puneți într-o pungă sigilabilă în vid. Eliberați aerul prin metoda deplasării apei, sigilați și scufundați punga în baia de apă. Gatiti 90 de minute.

După 35 de minute, se încălzește o cratiță la foc mediu și se adaugă pasta de curry verde și jumătate din laptele de cocos. Gatiti 5-10 minute pana cand laptele de cocos incepe sa se ingroase. Adăugați bulionul de pui și restul de lapte de cocos. Gatiti 15 minute.

Se reduce focul și se adaugă frunze de lime kaffir, ciuperci shiitake, zahăr și sos de pește. Gatiti cel putin 10 minute. Se ia de pe foc si se adauga busuiocul.

Odată ce cronometrul s-a oprit, scoateți punga și lăsați să se răcească timp de 5 minute, apoi tăiați în felii mici. Serviți sosul de curry, tăițeii fierți și puiul într-o farfurie adâncă. Acoperiți cu muguri de fasole, coriandru, ardei iute și tăiței prăjiți.

## Mini Pesto Mușcături de Pui cu Avocado

Timp de preparare + gătire: 1 oră 40 minute | Porții: 2

Ingrediente

1 piept de pui, dezosat, fara piele, fluture
Sare si piper negru dupa gust
1 lingura de salvie
3 linguri ulei de masline
1 lingura pesto
1 dovlecel, feliat
1 avocado
1 cană frunze de busuioc proaspăt

Adrese

Pregătiți o baie de apă și puneți Sous Vide în ea. Setați-l la 138F.

Bate pieptul de pui până se subțire. Se condimentează cu salvie, piper și sare. Puneți într-o pungă sigilabilă în vid. Adăugați 1 lingură de ulei și pesto. Eliberați aerul prin metoda deplasării apei, sigilați și scufundați punga în baia de apă. Gatiti 75 de minute. După 60 de minute, încălziți 1 lingură de ulei de măsline într-o tigaie la foc mare, adăugați dovleceii și ¼ de cană de apă. Gatiti pana se evapora apa. Odată ce cronometrul s-a oprit, scoateți puiul.

Încingeți uleiul de măsline rămas într-o tigaie la foc mediu și prăjiți puiul timp de 2 minute pe fiecare parte. Rezervați și lăsați să se răcească. Tăiați puiul în felii mici precum dovlecelul. Tăiați și avocado. Serviți puiul cu felii de avocado deasupra. Se ornează cu dovlecel tăiat felii și busuioc.

**Biluțe de pui cu brânză**

Timp de preparare + gătire: 1 oră 15 minute | Porții: 6

Ingrediente

1 kilogram de pui măcinat

2 linguri ceapa tocata marunt

¼ linguriță de usturoi pudră

Sare si piper negru dupa gust

2 linguri de pesmet

1 ou

32 de cuburi mici de brânză mozzarella, tăiate cubulețe

1 lingura de unt

3 linguri panko

½ cană sos de roșii

½ oz brânză Pecorino Romano rasă

Pătrunjel tocat

Adrese

Pregătiți o baie de apă și puneți Sous Vide în ea. Setați la 146 F. Într-un castron, amestecați puiul, ceapa, sarea, pudra de usturoi, piperul și pesmetul condimentat. Adăugați oul și amestecați bine. Formați 32 de bile medii și umpleți-le cu un cub de brânză, asigurându-vă că amestecul acoperă bine brânza.

Pune bilele într-o pungă sigilată cu vid şi lasă-le să se răcească timp de 20 de minute. Apoi eliberaţi aerul prin metoda de deplasare a apei, sigilaţi şi scufundaţi punga în baia de apă. Gatiti 45 de minute.

Odată ce cronometrul s-a oprit, scoateţi bilele. Topiţi untul într-o tigaie la foc mare şi adăugaţi panko. Gatiti pana se prajesc. Gatiti si sosul de rosii. Aşezaţi biluţele pe un platou de servire şi glazuraţi cu sosul de roşii. Acoperiţi cu panko şi brânză. Se orneaza cu patrunjel.

## burgeri cu brânză de curcan

Timp de preparare + gătire: 1 oră 45 minute | Porții: 6

Ingrediente

6 lingurite ulei de masline

1½ kilograme de curcan măcinat

16 fursecuri cu crema, zdrobite

2½ linguri patrunjel proaspat tocat

2 linguri busuioc proaspăt tocat

½ lingură sos Worcestershire

½ lingură sos de soia

½ linguriță de usturoi pudră

1 ou

6 chifle prăjite

6 felii de roșii

6 frunze de salata romana

6 felii de brânză Monterey Jack

Adrese

Pregătiți o baie de apă și puneți Sous Vide în ea. Setați la 148 F. Combinați curcanul, biscuiții, pătrunjelul, busuiocul, sosul de soia și pudra de usturoi. Adăugați oul și amestecați cu mâinile.

Pe o tavă de copt cu ceară de piper, creați 6 chifteluțe cu amestecul și așezați-le. Acoperiți și transferați la frigider.

Scoateți burgerii din frigider și puneți-i în trei pungi sigilabile în vid. Eliberați aerul prin metoda deplasării apei, sigilați și scufundați pungile în baia de apă. Gatiti 1 ora si 15 minute.

Odată ce cronometrul s-a oprit, scoateți burgerii. Aruncați sucurile de gătit.

Încinge uleiul de măsline într-o tigaie la foc mare și pune burgerii. Prăjiți timp de 45 de secunde pe fiecare parte. Pune empanadas pe chiflele prăjite. Acoperiți cu roșii, salată verde și brânză. A se prezenta, frecventa.

## Curcan umplut cu bacon si nuca invelit in sunca

Timp de preparare + gătire: 3 ore 45 minute | Porții: 6

Ingrediente

1 ceapa alba tocata

3 linguri de unt

1 cană de slănină cuburi

4 linguri de nuci de pin

2 linguri de cimbru tocat

4 catei de usturoi, tocati

Coaja a 2 lămâi

4 linguri patrunjel tocat

¾ cană pesmet

1 ou bătut

4 kilograme piept de curcan dezosat, fluture

Sare si piper negru dupa gust

16 felii de sunca

Adrese

Pregătiți o baie de apă și puneți Sous Vide în ea. Setați-l la 146F.

Încinge 2 linguri de unt într-o tigaie la foc mediu și călește ceapa timp de 10 minute până se înmoaie. Pus deoparte. În aceeași tigaie, adăugați slănina și gătiți timp de 5 minute până se rumenește. Adăugați nucile de pin, cimbrul, usturoiul și coaja de lămâie și gătiți încă 2 minute. Se adauga patrunjelul si se amesteca. Se pune ceapa în tavă, se adaugă pesmet și ou.

Scoateți curcanul și acoperiți-l cu folie de plastic. Folosind un ciocan de carne, bateți până devine grosier. Pune șunca pe folie de aluminiu. Așezați curcanul deasupra șuncii și aplatizați centrul pentru a crea o fâșie. Rulați curcanul strâns dintr-o parte în alta până când este complet învelit. Acoperiți cu folie de plastic și puneți-le într-o pungă sigilabilă în vid. Eliberați aerul prin metoda deplasării apei, sigilați și scufundați punga în baia de apă. Gatiti 3 ore.

Odată ce cronometrul s-a oprit, scoateți curcanul și aruncați plasticul. Se încălzește untul rămas într-o tigaie la foc mediu și se adaugă pieptul. Rumeniți șunca timp de 45 de secunde pe fiecare parte. Se rulează curcanul şi se rumeneşte încă 2-3 minute. Tăiaţi pieptul în medalioane şi serviţi.

## Rulouri de omletă cu salată Caesar cu curcan

Timp de preparare + gătire: 1 oră 40 minute | Porții: 4

Ingrediente

2 catei de usturoi, tocati

2 piept de curcan dezosati si fara piele

Sare si piper negru dupa gust

1 cană maioneză

2 linguri suc de lamaie proaspat stors

1 lingurita pasta de hamsii

1 lingurita mustar de Dijon

1 lingurita sos de soia

4 căni de salată iceberg

4 tortilla

Adrese

Pregătiți o baie de apă și puneți Sous Vide în ea. Setați la 152 F. Condimentați pieptul de curcan cu sare și piper și puneți-l într-o pungă sigilată cu vid. Eliberați aerul prin metoda deplasării apei, sigilați și scufundați punga în baia de apă. Gatiti 1 ora si 30 de minute.

Combinați maioneza, usturoiul, sucul de lămâie, pasta de hamsii, muștarul, sosul de soia și restul de sare și piper. Se lasa sa se odihneasca la frigider. Odată ce cronometrul s-a oprit, scoateți curcanul și uscați-l. Tăiați curcanul în felii. Amesteca salata verde cu dressingul rece. Turnați un sfert din amestecul de curcan în fiecare tortilla și pliați. Tăiați în jumătate și serviți cu dressing.

## Rula de salvie de curcan

Timp de preparare + gătire: 5 ore 15 minute | Porții: 6

Ingrediente:

3 linguri ulei de masline
2 cepe galbene mici, tăiate cubulețe
2 tulpini de telina, taiate cubulete
3 linguri de salvie macinata
2 coaja de lamaie si zeama

3 căni de amestec de umplutură de curcan
2 cesti supa de curcan sau pui
5 kilograme piept de curcan înjumătățit

Adrese:

Pune o tigaie la foc mediu, adaugă uleiul de măsline, ceapa și țelina. Se caleste timp de 2 minute. Adăugați sucul de lămâie, coaja și salvie până scade sucul de lămâie.

Într-un castron, turnați amestecul de umplutură și adăugați amestecul de salvie fiartă. Amestecați cu mâinile. Adăugați bulionul, amestecând cu mâna până când ingredientele se țin bine împreună și nu mai curg. Scoateți cu grijă pielea de curcan și puneți-o pe folie de plastic. Scoateți oasele și aruncați.

Așezați pieptul de curcan pe piele și puneți un al doilea strat de folie de plastic peste pieptul de curcan. Aplatizați-l la 1 inch grosime cu un sucitor. Scoateți folia de plastic deasupra și întindeți umplutura peste curcanul turtit, lăsând un spațiu de ½ inch în jurul marginilor.

Începând cu partea îngustă, rulați curcanul ca un rulou de aluat și acoperiți curcanul cu pielea suplimentară. Asigurați rulada cu sfoară de măcelar. Înfășurați rulada de curcan în folie de plastic mai largă și răsuciți capetele pentru a fixa rulada, care ar trebui să formeze un cilindru strâns.

Puneți ruloul într-o pungă sigilabilă în vid, eliberați aerul și sigilați punga. Se da la frigider pentru 40 de minute. Faceți o baie de apă, puneți Sous Vide în ea și setați la 155 F. Puneți rulada de curcan în baia de apă și setați cronometrul pentru 4 ore.

Odată ce temporizatorul s-a oprit, scoateți punga și deschideți-o. Preîncălziți cuptorul la 400 F, îndepărtați folia de plastic din curcan și puneți-o pe o foaie de copt, cu pielea în sus. Se prăjeşte timp de 15 minute. Tăiaţi în felii. Serviţi cu un sos cremos şi legume cu conţinut scăzut de carbohidraţi.

**Piept de curcan cu cimbru**

Timp de preparare + gătire: 3 ore 15 minute | Porții: 6

Ingrediente

1 jumatate de piept de curcan, dezosat si pe piele
1 lingura ulei de masline
1 lingură sare de usturoi
1 lingura de cimbru
1 lingurita piper negru

Adrese

Pregătiți o baie de apă și puneți Sous Vide în ea. Setați-l la 146F.

Combina piept de curcan, usturoi, cimbru, sare si piper. Puneți într-o pungă sigilabilă în vid. Eliberați aerul prin metoda deplasării apei, sigilați și scufundați punga în baia de apă. Gatiti timp de 4 ore.

Odată ce cronometrul s-a oprit, scoateți punga și uscați cu o tavă de copt. Se încălzește o tigaie de fier la foc mare și se prăjește timp de 5 minute până devine maro auriu.

## Pesto Turkey Meatball Burgers

Timp de preparare + gătire: 80 minute | Porții: 4

Ingrediente

1 kilogram de curcan măcinat

3 ceapă, tocate mărunt

1 ou mare, bătut

1 lingură pesmet

1 lingurita oregano uscat

1 lingura de cimbru

Sare si piper negru dupa gust

½ cană pesto (plus 2 lingurițe suplimentare)

2 oz brânză mozzarella, tăiată în bucăți

4 chifle mari pentru hamburger

Adrese

Pregătiți o baie de apă și puneți Sous Vide în ea. Setați la 146 F. Într-un castron, combinați curcanul, oul, pesmetul, ceaiul verde, cimbru și oregano. Condimentați cu sare și piper. Amesteca bine. Faceți cel puțin 8 bile și faceți o gaură în mijloc cu degetul mare. Umpleți fiecare cu 1/4 lingură pesto și 1/4 uncie brânză mozzarella. Asigurați-vă că carnea acoperă umplutura.

Puneți într-o pungă sigilabilă în vid. Eliberați aerul prin metoda deplasării apei, sigilați și scufundați punga în baia de apă. Gatiti 60 de minute. Odată ce cronometrul s-a oprit, scoateți bilele și uscați-le cu o tavă de copt. Încinge o tigaie la foc mediu și gătește 1/2 cană de pesto. Adăugați chiftelele și amestecați bine. Puneți 2 chifteluțe pe fiecare chiflă de hamburger.

**Piept de curcan cu nuci**

Timp de preparare + gătire: 2 ore 15 minute | Porții: 6

Ingrediente:

2 kg piept de curcan, feliat subțire

1 lingura coaja de lamaie

1 cana nuci, tocate marunt

1 lingura de cimbru tocat marunt

2 catei de usturoi, macinati

2 linguri patrunjel proaspat, tocat marunt

3 cesti supa de pui

3 linguri ulei de masline

Adrese:

Clătiți carnea sub jet de apă rece și scurgeți-o într-o strecurătoare. Se freacă cu coaja de lămâie și se transferă într-o pungă mare de vid împreună cu bulionul de pui. Gătiți în Sous Vide timp de 2 ore la 149 ° F. Scoateți din baia de apă și lăsați deoparte.

Încinge uleiul de măsline într-o tigaie medie și adaugă usturoiul, nucile pecan și cimbru. Se amestecă bine și se fierbe timp de 4-5 minute. La final, se adaugă pieptul de pui în tigaie și se rumenește scurt pe ambele părți. Serviți imediat.

## Mancare de curcan cu condimente

Timp de preparare + gătire: 14 ore 15 minute | Porții: 4

Ingrediente

1 pulpă de curcan
1 lingura ulei de masline
1 lingură sare de usturoi
1 lingurita piper negru
3 crengute de cimbru
1 lingura rozmarin

Adrese

Pregătiți o baie de apă și puneți Sous Vide în ea. Setați la 146 F. Asezonați curcanul cu usturoi, sare și piper. Puneți într-o pungă sigilabilă în vid.

Eliberați aerul prin metoda deplasării apei, sigilați și scufundați punga în baie. Gatiti 14 ore. După ce s-a făcut acest lucru, scoateți picioarele și uscați.

## Curcan în sos de portocale

Timp de preparare + gătire: 75 minute | Porții: 2

Ingrediente:

1 kg piept de curcan, fără piele și fără os
1 lingura de unt
3 linguri de suc proaspăt de portocale
½ cană supă de pui
1 lingurita piper cayenne
Sare si piper negru dupa gust

Adrese:

Clătiți pieptul de curcan sub jet de apă rece și uscați. Pus deoparte.

Într-un castron mediu, combinați sucul de portocale, bulionul de pui, piperul cayenne, sare și piper. Se amestecă bine și se pune carnea în această marinadă. Se da la frigider pentru 20 de minute.

Acum, puneți carnea împreună cu marinada într-o pungă mare sigilată în vid și gătiți în Sous Vide timp de 40 de minute la 122 F.

Într-o cratiță medie antiaderentă, topește untul la foc mare. Scoateți carnea din pungă și adăugați-o în cratiță. Se prajesc 2 minute si se iau de pe foc.

## Pulpe de curcan cu cimbru si rozmarin

Timp de preparare + gătire: 8 ore 30 minute | Porții: 4

Ingrediente

5 lingurite de unt topit
10 catei de usturoi, tocati
2 linguri rozmarin uscat
1 lingura chimen
1 lingura de cimbru
2 pulpe de curcan

Adrese

Pregătiți o baie de apă și puneți Sous Vide în ea. Setați-l la 134F.

Combinați usturoiul, rozmarinul, chimenul, cimbru și untul. Frecați curcanul cu amestecul.

Pune curcanul într-o pungă sigilată cu vid. Eliberați aerul prin metoda deplasării apei, sigilați și scufundați punga în baia de apă. Gatiti timp de 8 ore.

Odată ce cronometrul s-a oprit, scoateți curcanul. Rezervați sucurile de gătit. Se incinge un gratar la foc mare si se adauga curcanul. Stropiți cu sucul de gătit. Se rastoarna si se stropeste cu mai multe sucuri. Rezervați și lăsați să se răcească. A se prezenta, frecventa.

**Piept de curcan cu cuisoare**

Timp de preparare + gătire: 1 oră 45 minute | Porții: 6

Ingrediente:

2 kg piept de curcan, feliat
2 catei de usturoi, tocati
1 cană ulei de măsline
2 linguri muştar de Dijon
2 linguri suc de lamaie
1 lingurita rozmarin proaspat, tocat marunt
1 lingurita cuisoare tocate
Sare si piper negru dupa gust

Adrese:

Într-un castron mare, combinați uleiul de măsline cu muştarul, zeama de lămâie, usturoiul, rozmarinul, cuişoarele, sare şi piper. Amestecam pana se incoporeaza bine si adaugam feliile de curcan. Înmuiați și lăsați la frigider timp de 30 de minute înainte de a găti.

Scoateți din frigider și transferați în 2 pungi sigilabile în vid. Sigilați pungile și gătiți Sous Vide timp de o oră la 149 F. Scoateți din bain-marie și serviți.

## Piept de curcan cu marar si rozmarin

Timp de preparare + gătire: 1 oră 50 minute | Porții: 2

Ingrediente

1 kilogram de piept de curcan dezosat
Sare si piper negru dupa gust
3 crengute de marar proaspat
1 crenguță de rozmarin proaspăt, tocat
1 frunză de dafin

Adrese

Pregătiți o baie de apă și puneți Sous Vide în ea. Setați-l la 146F.

Se incinge o tigaie la foc mediu, se adauga curcanul si se rumeneste 5 minute. Rezervă grăsimea. Asezonați curcanul cu sare și piper. Pune curcanul, mararul, rozmarinul, frunza de dafin și grăsimea rezervată într-o pungă sigilată în vid. Eliberați aerul prin metoda deplasării apei, sigilați și scufundați punga în baia de apă. Gatiti 1 ora si 30 de minute.

Încinge o tigaie la foc mare. Odată ce cronometrul s-a oprit, scoateți curcanul și transferați-l în tigaie. Se usucă timp de 5 minute.

## Rață prăjită dulce

Timp de preparare + gătire: 3 ore 55 minute | Porții: 4

Ingrediente

6 oz piept de rață dezosat

¼ linguriță de scorțișoară

¼ lingurita boia afumata

¼ lingurita de piper cayenne

1 lingura de cimbru

1 lingurita miere

Sare si piper negru dupa gust

Adrese

Pregătiți o baie de apă și puneți Sous Vide în ea. Setați la 134 F. Uscați pieptul de rață cu o foaie de copt și îndepărtați pielea, având grijă să nu tăiați carnea. Asezonați cu sare.

Încinge o tigaie la foc mare. Rumeniți rața timp de 3-4 minute. Scoateți și rezervați.

Într-un castron, combinați boia de ardei, cimbrul, ardeiul cayenne și scorțișoara, amestecați bine. Marinați pieptul de rață cu amestecul. Puneți într-o pungă sigilabilă în vid. Adăugați 1 lingură de miere. Eliberați aerul prin metoda deplasării apei, sigilați și scufundați punga în baia de apă. Gatiti 3 ore si 30 de minute.

Odată ce temporizatorul s-a oprit, scoateți punga și uscați. Încinge o tigaie la foc mare și rumenește rața timp de 2 minute. Întoarceți și gătiți încă 30 de secunde. Se lasa sa se raceasca si se serveste.

## Piept de rata cu cimbru t

Timp de preparare + gătire: 2 ore 10 minute | Porții: 3

Ingrediente:

3 (6 oz) piept de rață, pe piele
3 lingurite frunze de cimbru
2 lingurite ulei de masline
Sare si piper negru dupa gust

Ingrediente:

Faceți benzi transversale pe piept fără a tăia carnea. Asezonați pielea cu sare și partea de carne cu cimbru, piper și sare. Pune pieptul de rață în 3 pungi separate, care se sigilează în vid. Eliberați aerul și sigilați pungile. Dați la frigider timp de 1 oră.

Faceți o baie de apă, puneți Sous Vide în ea și setați la 135 F. Scoateți pungile din frigider și scufundați-le în baia de apă. Setați cronometrul pentru 1 oră.

Odată ce temporizatorul s-a oprit, scoateți și deschideți pungile. Pune o tigaie la foc mediu, adauga ulei de masline. Odată încălzită, se adaugă rața și se prăjește până când pielea devine crocantă și carnea este aurie. Scoateți și lăsați să stea 3 minute apoi tăiați în felii. A se prezenta, frecventa.

## Gâscă portocalie confitată

Timp de preparare + gătire: 12 ore 7 minute + timp de răcire | Porții: 6

Ingrediente

3 foi de dafin
6 picioare de gâscă
10 lingurite de sare
6 catei de usturoi, macinati
1 crenguță de rozmarin proaspăt, cu tulpină
1½ cani de grasime de gasca
1 lingurita boabe de piper
Zeste de 1 portocală

Adrese

Ungeți pulpele de gâscă cu usturoi, sare, piper și rozmarin. Acoperiți și lăsați să se răcească la frigider pentru 12 până la 24 de ore. Pregătiți o baie de apă și puneți Sous Vide în ea. Setați la 172 F. Scoateți gâsca din frigider și uscați cu un prosop de bucătărie.

Puneți gâsca, grăsimea de gâscă, foile de dafin, boabele de piper și coaja de portocală într-o pungă sigilabilă în vid. Eliberați aerul prin metoda deplasării apei, sigilați și scufundați punga în baia de apă. Gatiti timp de 12 ore.

Odată ce cronometrul s-a oprit, scoateți gâsca din pungă și ștergeți orice exces de grăsime. Încingeți o tigaie la foc mare și prăjiți gâsca timp de 5-7 minute până devine crocantă.

**Paste cu creveți cu lămâie și brânză**

Timp de preparare + gătire: 55 minute | Porții: 4

Ingrediente

2 căni de majă tocată

6 linguri de unt

½ cană de parmezan

2 catei de usturoi, tocati

1 lamaie, rasa si storsa

1 lingura busuioc proaspat tocat

Sare si piper negru dupa gust

1 lingurita fulgi de ardei rosu

1½ kilograme de creveți, devenați, cu coadă

8 oz paste la alegere

Adrese

Pregătiți o baie de apă și puneți Sous Vide în ea. Setați-l la 137F.

Se încălzește o oală la foc mediu și se combină untul, matula, 1/4 cană brânză Pecorino Romano, usturoiul, coaja și zeama de lămâie, busuioc, sare, piper negru și fulgi de ardei roșu. Gatiti 5 minute pana se topeste untul. Pus deoparte.

Puneți creveții într-o pungă sigilată în vid și turnați amestecul de lămâie. Agită bine. Eliberați aerul prin metoda deplasării apei, sigilați și scufundați punga în baia de apă. Gatiti 30 de minute.

Între timp, gătiți pastele conform instrucțiunilor de pe ambalaj. Scurgeți-l și puneți-l în oală. Odată ce cronometrul s-a oprit, scoateți punga și transferați-o în vasul pentru paste. Gatiti 3-4 minute. Acoperiți cu brânză Pecorino rămasă și serviți.

## Halibut cu sherry dulce și glazură miso

Timp de preparare + gătire: 50 minute | Porții: 4

Ingrediente

1 lingura ulei de masline

2 linguri de unt

⅓ cană de sherry dulce

⅓ cană miso roșu

¼ cană mirin

3 linguri de zahar brun

2½ linguri de sos de soia

4 file de halibut

2 linguri de arpagic tocat

2 linguri patrunjel proaspat tocat

Adrese

Pregătiți o baie de apă și puneți Sous Vide în ea. Setați la 134 F. Încălziți untul într-o cratiță la foc mediu-mic. Adăugați sherry dulce, miso, mirin, zahăr brun și sos de soia timp de 1 minut. Pus deoparte. Lasa sa se raceasca. Puneți halibutul în 2 pungi sigilabile în vid. Eliberați aerul prin metoda deplasării apei, sigilați și scufundați pungile în baia de apă. Gatiti 30 de minute.

Odată ce cronometrul s-a oprit, scoateți halibutul din pungi și uscați-l cu un prosop de bucătărie. Rezervați sucurile de gătit. Se încălzește o cratiță la foc mare și se toarnă sucul de gătit. Gatiti pana scade la jumatate.

Încinge uleiul de măsline într-o tigaie la foc mediu și transferă fileurile. Se prăjește timp de 30 de secunde pe fiecare parte până devine crocant. Serviți peștele și stropiți cu Glazură Miso. Se ornează cu arpagic și pătrunjel.

## Somon crocant cu glazură dulce de ghimbir

Timp de preparare + gătire: 53 minute | Porții: 4

Ingrediente

½ cană sos Worcestershire

6 linguri zahar alb

4 linguri mirin

2 catei mici de usturoi, tocati

½ linguriță amidon de porumb

½ linguriță de ghimbir proaspăt ras

4 fileuri de somon

4 lingurite ulei vegetal

2 cesti de orez fiert, de servit

1 linguriță de semințe de mac prăjite

Adrese

Pregătiți o baie de apă și puneți Sous Vide în ea. Setați-l la 129F.

Combinați sosul Worcestershire, zahărul, mirinul, usturoiul, amidonul de porumb și ghimbirul într-o oală fierbinte la foc mediu. Gatiti 1 minut pana cand zaharul s-a dizolvat. Rezervați

1/4 cană sos. Lasa sa se raceasca. Puneți fileurile de somon în 2 pungi sigilabile în vid cu sosul rămas. Eliberați aerul prin metoda deplasării apei, sigilați și scufundați pungile în baia de apă. Gatiti 40 de minute.

Odată ce cronometrul s-a oprit, scoateți fileurile din pungi și uscați-le cu un prosop de bucătărie. Încinge o cratiță la foc mediu și gătește ceașca de sos timp de 2 minute până se îngroașă. Încinge uleiul într-o tigaie. Se prăjește somonul timp de 30 de secunde pe fiecare parte. Serviți somonul cu sos și semințe de mac.

**Pește de citrice cu sos de cocos**

Timp de preparare: 1 ora 57 minute | Porții: 6

Ingrediente

2 linguri ulei vegetal

4 rosii, curatate si tocate

2 ardei grasi rosii, taiati cubulete

1 ceapa galbena, taiata cubulete

½ cană suc de portocale

¼ cană suc de lămâie

4 catei de usturoi, tocati

1 lingurita de seminte de chimen, zdrobite

1 lingurita chimen praf

1 lingurita piper cayenne

½ lingurita sare

6 file de cod, fără piele, tăiate cubulețe

14 uncii lapte de cocos

¼ cană nucă de cocos rasă

3 linguri coriandru proaspăt tocat

Adrese

Pregătiți o baie de apă și puneți Sous Vide în ea. Setați-l la 137F.

Combinați într-un castron sucul de portocale, sucul de lime, usturoiul, semințele de chimen, chimenul, piperul de cayenne și sarea. Ungeți fileurile cu amestec de lămâie. Acoperiți și lăsați la frigider pentru 1 oră.

Intre timp, incingem uleiul intr-o cratita la foc mediu si adaugam rosiile, ardeii grasi, ceapa si sarea. Gatiti 4-5 minute pana se inmoaie. Se toarnă laptele de cocos peste amestecul de roșii și se fierbe timp de 10 minute. Rezervați și lăsați să se răcească.

Scoateți fileurile din frigider și puneți-le în 2 pungi sigilabile în vid cu amestecul de nucă de cocos. Eliberați aerul prin metoda deplasării apei, sigilați și scufundați pungile în baia de apă. Gatiti 40 de minute. Odată ce cronometrul s-a oprit, scoateți pungile și transferați conținutul într-un bol de servire. Se ornează cu nucă de cocos rasă și coriandru. Serviți cu orez.

## Eglefin poșat cu lămâie și pătrunjel

Timp de preparare + gătire: 75 minute | Porții: 4

Ingrediente

4 file de eglefin, pe piele

½ lingurita sare

6 linguri de unt

Zest și suc de 1 lime

2 lingurite patrunjel proaspat tocat

1 lime, sferturi

Adrese

Pregătiți o baie de apă și puneți Sous Vide în ea. Setați-l la 137F.

Asezonați fileurile cu sare și puneți-le în 2 pungi sigilabile în vid. Adăugați untul, jumătate din coaja de lămâie și sucul de lime și 1 lingură pătrunjel. Eliberați aerul prin metoda deplasării apei. Transferați la frigider și lăsați să se răcească timp de 30 de minute. Sigilați și scufundați pungile în baia de apă. Gatiti 30 de minute.

Odată ce cronometrul s-a oprit, îndepărtați fileurile și uscați-le cu un prosop de bucătărie. Încingeți untul rămas într-o tigaie la foc mediu și prăjiți fileurile timp de 45 de secunde pe fiecare parte, turnând deasupra untul topit. Se usucă cu un prosop de bucătărie și se transferă pe o farfurie. Se ornează cu sferturi de lime și se servește.

**Tilapia crocantă cu sos de muştar de arţar**

Timp de preparare + gătire: 65 minute | Porţii: 4

Ingrediente

2 linguri sirop de artar

6 linguri de unt

2 linguri muştar de Dijon

2 linguri de zahar brun

1 lingura patrunjel

1 lingura de cimbru

2 linguri sos de soia

2 linguri otet de vin alb

4 file de tilapia, cu coaja

Adrese

Pregătiţi o baie de apă şi puneţi Sous Vide în ea. Setaţi la 114 F.

Se incinge o cratita la foc mediu si se adauga 4 linguri de unt, mustar, zahar brun, sirop de artar, sos de soia, otet, patrunjel si cimbru. Gatiti 2 minute. Se lasa deoparte si se lasa la racit 5 minute.

Puneți fileurile de tilapia într-o pungă sigilabilă în vid cu sos de arțar. Eliberați aerul prin metoda deplasării apei, sigilați și scufundați punga în baia de apă. Gatiti 45 de minute.

Odată ce cronometrul s-a oprit, îndepărtați fileurile și uscați-le cu un prosop de bucătărie. Se încălzește untul rămas într-o tigaie la foc mediu și se rumenesc fileurile timp de 1-2 minute.

**Pește-spadă muștar**

Timp de preparare + gătire: 55 minute | Porții: 4

Ingrediente

2 linguri ulei de masline
2 file de pește-spadă
Sare si piper negru dupa gust
½ linguriță de muștar Coleman
2 lingurite ulei de susan

Adrese

Pregătiți o baie de apă și puneți Sous Vide în ea. Setați la 104 F. Asezonați peștele-spadă cu sare și piper. Se amestecă bine uleiul de măsline și muștarul. Puneți peștele-spadă într-o pungă sigilabilă în vid cu amestec de muștar. Eliberați aerul prin metoda deplasării apei. Se lasa la frigider 15 minute. Sigilați și scufundați punga în baia de apă. Gatiti 30 de minute.

Încinge uleiul de susan într-o tigaie la foc mare. Odată ce cronometrul s-a oprit, scoateți peștele-spadă și uscați-l cu un prosop de bucătărie. Aruncați sucurile de gătit. Transferați în tigaie și prăjiți timp de 30 de secunde pe fiecare parte. Tăiați peștele-spadă în felii și serviți.

**Omlete cu pește picant**

Timp de preparare + gătire: 35 minute | Porții: 6

Ingrediente

⅓ cană frișcă
4 fileuri de halibut, fără piele
1 lingurita coriandru proaspat tocat
¼ de linguriță fulgi de ardei roșu
Sare si piper negru dupa gust
1 lingura otet de cidru
½ ceapa dulce tocata
6 tortilla
Salată verde iceberg mărunțită
1 roșie mare, feliată
Guacamole pentru a decora
1 lime, sferturi

Adrese

Pregătiți o baie de apă și puneți Sous Vide în ea. Setați-l la 134F.

Combinați fileurile cu coriandru, fulgi de ardei roșu, sare și piper. Puneți într-o pungă sigilabilă în vid. Eliberați aerul prin metoda deplasării apei, scufundați punga în baie. Gatiti 25 de minute.

Între timp, amestecați împreună oțetul de cidru, ceapa, sare și piper. Pus deoparte. Odată ce cronometrul s-a oprit, îndepărtați fileurile și uscați-le cu un prosop de bucătărie. Folosind un pistol si rumenim fileurile. Tăiați în bucăți. Pune pestele pe tortilla, adauga salata verde, rosii, smantana, amestec de ceapa si guacamole. Se ornează cu lime.

**Tortilă de vită măcinată**

Timp de preparare + gătire: 35 minute | Porții: 3

Ingrediente:

1 cană carne macră de vită tocată
¼ cana ceapa tocata marunt
¼ linguriță de cimbru uscat, măcinat
½ linguriță de oregano uscat, măcinat
Sare si piper negru dupa gust
1 lingura ulei de masline

Adrese:

Preîncălziți uleiul într-o tigaie la foc mediu. Adaugati ceapa si caliti aproximativ 3-4 minute, sau pana devine translucida. Adăugați carnea de vită tocată și gătiți timp de 5 minute, amestecând din când în când. Se presară cu puțină sare, piper, cimbru și oregano. Se amestecă bine și se fierbe încă un minut. Se ia de pe foc si se da deoparte.

Pregătiți o baie de apă și puneți Sous Vide în ea. Setați la 170 F. Bateți ouăle într-un castron mediu și turnați într-o pungă resigibilă în vid. Adăugați amestecul de carne de vită măcinată. Eliberați aerul folosind metoda de deplasare a apei și sigilați punga.

Scufundați punga în baia de apă și setați cronometrul pentru 15 minute. Folosind o mănușă, masați punga la fiecare 5 minute pentru a asigura o gătire uniformă. Odată ce cronometrul s-a oprit, scoateți punga din baia de apă și transferați tortilla pe o farfurie de servire.

**Frittata vegetariană ușoară**

Timp de preparare + gătire: 1 oră 40 minute | Porții: 5

Ingrediente

1 lingura ulei de masline

1 ceapa medie tocata

Sarat la gust

4 catei de usturoi, tocati

1 daikon, decojit și tăiat cubulețe

2 morcovi, curatati si taiati cubulete

1 pastarnac, curatat si taiat cubulete

1 cană de dovleac, decojit și tăiat cubulețe

6 uncii ciuperci stridii, tocate

¼ cană frunze de pătrunjel, proaspăt tocate

Un praf de fulgi de ardei rosu

5 ouă mari

¼ cană lapte integral

Adrese

Pregătiți o baie de apă și puneți Sous Vide în ea. Setați la 175 F. Ungeți câteva borcane cu ulei. Pus deoparte.

Încinge o tigaie la foc mare cu ulei. Adăugați sudoarea de ceapă timp de 5 minute. Adăugați usturoiul și gătiți timp de 30 de secunde. Asezonați cu sare. Combinați morcovii, daikonul, dovleceii și păstârnacul. Se condimentează cu sare și se mai fierbe 10 minute. Se adauga ciupercile si se condimenteaza cu fulgi de ardei si patrunjel. Gatiti 5 minute.

Într-un castron, bate ouăle și laptele. Asezonați cu sare. Separați amestecul dintre borcane cu legume. Sigilați și scufundați borcanele în baia de apă. Gatiti 60 de minute. Odată ce temporizatorul s-a oprit, scoateți borcanele. Se lasa sa se raceasca si se serveste.

## Sandwich cu ouă și avocado

Timp de preparare + gătire: 70 minute | Porții: 4

Ingrediente:

8 felii de pâine

4 ouă

1 avocado

1 lingurita boia

4 lingurite sos olandez

1 lingura patrunjel tocat

Sare si piper negru dupa gust

Adrese:

Pregătiți o baie de apă și puneți Sous Vide în ea. Setați la 145 F. Scoateți pulpa de avocado și zdrobiți-o. Adăugați sosul și condimentele. Puneți ouăle într-o pungă cu vid. Eliberați aerul prin metoda deplasării apei, sigilați și scufundați punga într-o baie de apă. Setați cronometrul pentru 1 oră.

Odată gata, puneți-o imediat într-o baie de gheață pentru a se răci. Curățați și tăiați ouăle în felii. Ungeți jumătate din feliile de ouă cu piureul de avocado și acoperiți cu feliile de ouă. Acoperiți cu feliile de pâine rămase.

**Ouă de diavol**

Timp de preparare + gătire: 75 minute | Porții: 6

Ingrediente:

6 ouă

Suc de 1 lămâie

2 linguri patrunjel tocat

1 rosie, tocata

2 linguri masline negre tocate

1 lingura de iaurt

1 lingura ulei de masline

1 lingurita mustar

1 lingurita pudra de chili

Adrese:

Pregătiți o baie de apă și puneți Sous Vide în ea. Setați la 170 F. Puneți ouăle într-o pungă sigilabilă în vid. Eliberați aerul prin metoda deplasării apei, sigilați și scufundați punga într-o baie de apă. Setați cronometrul pentru 1 oră.

Odată gata, scoateți punga și puneți-o într-o baie de gheață pentru a se răci și decoji. Tăiați în jumătate și îndepărtați gălbenușurile. Adăugați ingredientele rămase la gălbenușuri și amestecați pentru a se combina. Umpleți ouăle cu amestecul.

**Ouă fierte**

Timp de preparare + gătire: 1 oră 10 minute | Porții: 3

Ingrediente:

3 ouă mari
baie cu gheață

Adrese:

Faceți o baie de apă, puneți Sous Vide în ea și setați la 165 F. Puneți ouăle în baia de apă și setați cronometrul pentru 1 oră.

Odată ce cronometrul s-a oprit, transferați ouăle într-o baie de gheață. Curățați ouăle. Se servește ca sandviș sau în salate.

**Ouă murate**

Timp de preparare + gătire: 2 ore 10 minute | Porții: 6

Ingrediente:

6 ouă

1 lingura boabe de piper

Suc dintr-o cutie de sfeclă

1 cană de oțet

½ lingură de sare

2 catei de usturoi

1 frunză de dafin

¼ cană) zahăr

Adrese:

Pregătiți o baie de apă și puneți Sous Vide în ea. Setați la 170 F. Puneți cu grijă ouăle în apă și gătiți timp de 1 oră. Folosind o lingură cu fantă, transferați-le într-un castron mare cu apă cu gheață și lăsați-le să se răcească câteva minute. Se curăță și se pune într-un borcan de 1 litru cu capac cu balamale.

Într-un castron mic, combinați ingredientele rămase. Se toarnă peste ouă, se sigilează și se scufundă în baie. Gatiti 1 ora.

Scoateți borcanul din baia de apă și răciți la temperatura camerei.

## Ouă moi și chili

Timp de preparare + gătire: 60 minute | Porții: 5

Ingrediente:

1 lingură pudră de chili
5 ouă
Sare si piper negru dupa gust

Adrese:

Pregătiți o baie de apă și puneți Sous Vide în ea. Setați la 147 F. Puneți ouăle într-o pungă sigilabilă în vid. Eliberați aerul prin metoda deplasării apei, sigilați și scufundați în baie. Gatiti 50 de minute.

Odată ce cronometrul s-a oprit, scoateți punga și puneți-le într-o baie de gheață pentru a se răci și decoji. Stropiți ouăle cu condimente și serviți.

## Ouă Benedict

Timp de preparare + gătire: 70 minute | Porții: 4

Ingrediente:

4 ouă
3 uncii de slănină, feliată
5 linguri sos olandez
4 brioșe de prăjituri
Sare si piper negru dupa gust

Adrese:

Pregătiți o baie de apă și puneți Sous Vide în ea. Setați la 150 F. Puneți ouăle într-o pungă sigilabilă în vid. Eliberați aerul prin metoda deplasării apei, sigilați și scufundați punga în baia de apă. Setați cronometrul pentru 1 oră.

Odată ce cronometrul s-a oprit, scoateți punga și separați. Curățați ouăle și puneți deasupra brioșelor. Stropiți cu sos și stropiți cu sare și piper. Top cu bacon.

## Ou omletă cu mărar și turmeric

Timp de preparare + gătire: 35 minute | Porții: 8

Ingrediente:

8 oua
1 lingură pudră de turmeric
¼ cană mărar
1 lingurita sare
Un praf de boia

Adrese:

Pregătiți o baie de apă și puneți Sous Vide în ea. Setați la 165 F. Bateți ouăle într-un castron împreună cu restul ingredientelor. Transferați într-o pungă sigilabilă în vid. Eliberați aerul prin metoda deplasării apei, sigilați și scufundați punga într-o baie de apă. Setați cronometrul pentru 15 minute.

Odată ce temporizatorul s-a oprit, scoateți punga și masați ușor pentru a se combina. Gatiti inca 15 minute. Scoateți cu grijă punga din apă. Se serveste fierbinte.

**oua ochiuri**

Timp de preparare + gătire: 65 minute | Porții: 4

Ingrediente:

4 căni de apă

4 ouă de boia

1 lingură maioneză

Sare si piper negru dupa gust

Adrese:

Pregătiți o baie de apă și puneți Sous Vide în ea. Setați la 145 F. Puneți ouăle într-o pungă sigilabilă în vid. Eliberați aerul prin metoda de deplasare a apei, etanșați și scufundați baia. Setați cronometrul pentru 55 de minute.

Odată ce cronometrul s-a oprit, scoateți punga și transferați-o într-o baie de gheață pentru a se răci și decoji. Între timp, aduceți apă la fiert într-o cratiță. Puneți ouăle decojite înăuntru și gătiți timp de un minut. În timp ce ouăle se gătesc, amestecați ingredientele rămase. Stropiți peste ouă.

## Ouă în Bacon

Timp de preparare + gătire: 7 ore 15 minute | Porții: 4

Ingrediente:

4 oua fierte tari

1 lingurita de unt

7 uncii de slănină, feliată

1 lingură muștar de Dijon

4 uncii de brânză mozzarella, feliată

Sare si piper negru dupa gust

Adrese:

Pregătiți o baie de apă și puneți Sous Vide în ea. Setați la 140 F. Frecați baconul cu unt și piper. Puneți o felie de brânză mozzarella deasupra fiecărui ou și înveliți ouăle împreună cu brânză în slănină.

Se unge cu muștar și se pune într-o pungă sigilată cu vid. Eliberați aerul prin metoda deplasării apei, sigilați și scufundați punga într-o baie de apă. Setați cronometrul pentru 7 ore. Odată ce cronometrul s-a oprit, scoateți punga și transferați-o pe o farfurie. Se serveste fierbinte.

**Ouă de roșii cherry**

Timp de preparare + gătire: 40 minute | Porții: 6

Ingrediente:

10 ouă
1 cană de roșii cherry, tăiate în jumătate
2 linguri smantana
1 lingura arpagic
½ cană de lapte
½ lingurita nucsoara
1 lingurita de unt
1 lingurita sare

Adrese:

Pregătiți o baie de apă și puneți Sous Vide în ea. Setați-l la 170F.

Puneți roșiile cherry într-o pungă mare sigilată sub vid. Batem ouale cu restul ingredientelor si turnam peste rosii. Eliberați aerul prin metoda deplasării apei, sigilați și scufundați punga într-o baie de apă. Setați cronometrul pentru 30 de minute. Odată gata, scoateți punga și transferați-o pe o farfurie.

**Pastrama Scramble**

Timp de preparare + gătire: 25 minute | Porții: 3

Ingrediente:

6 ouă
½ cană pastramă
2 linguri smantana groasa
Sare si piper negru dupa gust
2 linguri de unt topit
3 felii de pâine prăjită

Adrese:

Pregătiți o baie de apă și puneți Sous Vide în ea. Setați la 167 F. Bateți untul, ouăle, smântâna și condimentele într-o pungă sigilată în vid. Eliberați aerul prin metoda deplasării apei, sigilați și scufundați punga într-o baie de apă. Setați cronometrul pentru 15 minute. Odată ce cronometrul s-a oprit, scoateți punga și transferați ouăle pe o farfurie. Serviți deasupra pâinei prăjite.

**Shakshuka de roșii**

Timp de preparare + gătire: 2 ore 10 minute | Porții: 3

Ingrediente:

28 uncii roșii zdrobite la conserva

6 ouă

1 lingura boia

2 catei de usturoi, tocati

Sare si piper negru dupa gust

2 lingurite de chimen

¼ cană coriandru tocat

Adrese:

Pregătiți o baie de apă și puneți Sous Vide în ea. Setați la 148 F. Puneți ouăle într-o pungă sigilabilă în vid. Eliberați aerul prin metoda deplasării apei, sigilați și scufundați punga într-o baie de apă. Combinați ingredientele rămase într-o altă pungă sigilabilă în vid. Setați cronometrul pentru 2 ore.

Împărțiți sosul de roșii în trei boluri. Odată ce temporizatorul s-a oprit, scoateți punga. Curățați ouăle și puneți 2 în fiecare bol.

**Tortila cu spanac**

Timp de preparare + gătire: 20 minute | Porții: 2

Ingrediente:

4 ouă mari, bătute

¼ cană iaurt grecesc

¾ cană spanac proaspăt, tocat mărunt

1 lingura de unt

¼ cană brânză cheddar rasă

¼ lingurita sare

Adrese:

Pregătiți o baie de apă, puneți Sous Vide în ea și setați la 165 F. Bateți ouăle într-un castron mediu. Adăugați iaurtul, sarea și brânza. Puneți amestecul într-un sac sigilat cu vid și sigilați-l. Scufundați punga în baia de apă. Gatiti 10 minute.

Topiți untul într-o tigaie la foc mediu. Adăugați spanacul și gătiți timp de 5 minute. Pus deoparte. Odată ce cronometrul s-a oprit, scoateți punga și transferați ouăle pe o farfurie de servire. Acoperiți cu spanac și pliați tortilla.

## Omletă cu rucola și prosciutto

Timp de preparare + gătire: 25 minute | Porții: 2

Ingrediente:

4 felii subtiri de sunca serrano

5 ouă mari

¼ cana rucola proaspata, tocata marunt

¼ cană de avocado feliat

Sare si piper negru dupa gust

Adrese:

Pregătiți o baie de apă, puneți Sous Vide în ea și setați la 167 F. Bateți ouăle cu rucola, sare și piper. Transferați într-o pungă sigilabilă în vid. Apăsați pentru a elimina aerul și apoi sigilați capacul. Gatiti 15 minute. Odată ce cronometrul s-a oprit, scoateți punga, deschideți și transferați tortilla pe o farfurie de servire și acoperiți cu felii de avocado și prosciutto.

**Omletă cu arpagic și ghimbir**

Timp de preparare + gătire: 20 minute | Porții: 2

Ingrediente:

8 ouă de crescătorie, bătute

½ cană de arpagic

1 lingurita de ghimbir proaspat ras

1 lingura ulei de masline extravirgin

Sare si piper negru dupa gust

Adrese:

Pregătiți o baie de apă, puneți Sous Vide în ea și setați la 165 F.

Într-un castron mediu, bate ouăle, ghimbirul, sarea și piperul. Transferați amestecul într-o pungă resigibilă în vid și sigilați-l. Scufundați punga în baia de apă. Gatiti 10 minute.

Încinge uleiul într-o cratiță la foc mediu. Gatiti ceapa timp de 2 minute. Odată ce cronometrul s-a oprit, scoateți punga, deschideți și scoateți tortilla pe o farfurie de servire. Tăiați felii subțiri, acoperiți cu ceapă și îndoiți tortilla pentru a servi.

## Degete italiene de pui

Timp de preparare + gătire: 2 ore 20 minute | Porții: 3

Ingrediente:

1 kg piept de pui, dezosat și fără piele
1 cană făină de migdale
1 lingurita de usturoi tocat
1 lingurita sare
½ lingurita piper cayenne
2 lingurite ierburi italiene amestecate
¼ lingurita piper negru
2 oua batute
¼ cană ulei de măsline

Adrese:

Clătiți carnea sub jet de apă rece și uscați-o cu hârtie de bucătărie. Asezonați cu ierburi italiene amestecate și puneți-le într-un recipient mare, care se etanșează în vid. Sigilați punga și gătiți în sous vide timp de 2 ore la 167 F. Scoateți din baia de apă și lăsați deoparte.

Acum combinați făina, sarea, piperul cayenne, ierburile italiene și piperul într-un castron și lăsați deoparte. Într-un castron separat, bateți ouăle și lăsați deoparte.

Încinge ulei de măsline într-o tigaie mare la foc mediu. Înmuiați puiul în ou bătut și acoperiți cu amestecul de făină. Se prăjește 5 minute pe fiecare parte sau până se rumenesc.

**Mușcături de pui cu cireșe**

Timp de preparare + gătire: 1 oră și 40 de minute | Porții: 3

Ingrediente:

1 kg piept de pui, dezosat și fără piele, tăiat în bucăți mici
1 cana ardei rosu, tocat in bucatele
1 cană ardei gras verde, tocat
1 cană roșii cherry întregi
1 cană ulei de măsline
1 linguriță amestec de condimente italian
1 lingurita piper cayenne
½ linguriță de oregano uscat
Sare si piper negru dupa gust

Adrese:

Clătiți carnea sub jet de apă rece și uscați-o cu hârtie de bucătărie. Tăiați în bucăți mici și lăsați deoparte. Spălați ardeii gras și tăiați-i bucăți. Spălați roșiile cherry și îndepărtați tulpinile verzi. Pus deoparte.

Într-un castron, combinați uleiul de măsline cu condimente italiene, cayenne, sare și piper.

Se amestecă până se încorporează bine. Adăugați carnea și acoperiți-o bine cu marinada. Lăsați să stea timp de 30 de minute pentru a permite aromelor să se amestece și să pătrundă în carne.

Puneți carnea împreună cu legumele într-o pungă mare sigilată sub vid. Adăugați trei linguri de marinată și sigilați punga. Gătiți în sous vide timp de 1 oră la 149 F.

**Pâine prăjită cu scorțișoară și curmal**

Timp de preparare + gătire: 4 ore 10 minute | Porții: 6

Ingrediente:

4 felii de pâine prăjită

4 curmali, tocate

3 linguri de zahar

½ lingurita de scortisoara

2 linguri suc de portocale

½ linguriță extract de vanilie

Adrese:

Pregătiți o baie de apă și puneți Sous Vide în ea. Setați-l la 155F.

Puneți curkii într-o pungă sigilabilă în vid. Adăugați suc de portocale, extract de vanilie, zahăr și scorțișoară. Închideți punga și agitați bine pentru a acoperi bucățile de curmal. Eliberați aerul prin metoda deplasării apei, sigilați și scufundați punga într-o baie de apă. Setați cronometrul pentru 4 ore.

Odată ce cronometrul s-a oprit, scoateți punga și transferați curkii într-un robot de bucătărie. Se amestecă până la omogenizare. Întindeți amestecul de curmal pe pâine prăjită.

**Aripioare de pui cu ghimbir**

Timp de preparare + gătire: 2 ore 25 minute | Porții: 4

Ingrediente:

2 kilograme de aripioare de pui

¼ cană ulei de măsline extravirgin

4 catei de usturoi

1 lingura frunze de rozmarin tocate marunt

1 lingurita piper alb

1 lingurita piper cayenne

1 lingura de cimbru proaspat, tocat marunt

1 lingura de ghimbir proaspat ras

¼ cană suc de lămâie

½ cană oțet de mere

Adrese:

Clătiți aripioarele de pui sub jet de apă rece și scurgeți-le într-o strecurătoare mare.

Într-un castron mare, combinați uleiul de măsline cu usturoi, rozmarin, piper alb, cayenne, cimbru, ghimbir, suc de lamaie și oțet de mere. Înmuiați aripioarele în acest amestec și acoperiți. Dați la frigider pentru o oră.

Transferați aripioarele împreună cu marinata într-o pungă mare care se sigilează în vid. Sigilați punga și gătiți în sous vide timp de 1 oră și 15 minute la 149 F. Scoateți din punga sigilabilă în vid și rumeniți înainte de servire. Serviți și bucurați-vă!

**Empanadas din carne**

Timp de preparare + gătire: 1 oră 55 minute | Porții: 4

Ingrediente:

1 kilogram de carne de vită macră
1 ou
2 linguri migdale tocate marunt
2 linguri faina de migdale
1 cana ceapa tocata marunt
2 catei de usturoi, macinati
¼ cană ulei de măsline
Sare si piper negru dupa gust
¼ cana frunze de patrunjel, tocate marunt

Adrese:

Într-un castron, combinați carnea de vită tocată cu ceapa, usturoiul, uleiul, sare, piper, pătrunjelul și migdalele tocate mărunt. Amesteca bine cu o furculita si adauga treptat putina faina de migdale.

Se bate un ou si se da la frigider pentru 40 de minute. Scoateți carnea din frigider și formați-o cu grijă în chifteluțe groase de un inch, de aproximativ 4 inci în diametru. Puneți în două pungi separate care se sigilează în vid și gătiți în sous vide timp de o oră la 129 F.

## Verde de gulidă umplute

Timp de preparare + gătire: 65 minute | Porții: 3

Ingrediente:

1 kilogram de varză aburită
1 kilogram de carne de vită macră
1 ceapa mica tocata marunt
1 lingura ulei de masline
Sare si piper negru dupa gust
1 lingurita de menta proaspata, tocata marunt

Adrese:

Se fierbe o oală mare cu apă și se adaugă legumele. Gatiti scurt, timp de 2-3 minute. Scurgeți și stoarceți ușor legumele și lăsați-le deoparte.

Într-un castron mare, combinați carnea de vită, ceapa, uleiul, sarea, piperul și menta. Se amestecă bine până se încorporează. Așezați frunzele pe suprafața de lucru, cu venele în sus. Utilizați o lingură de amestec de carne și puneți-o în centrul de jos al fiecărei foi. Îndoiți părțile laterale și rulați strâns. Puneți în părțile laterale și transferați ușor într-o pungă mare care se sigilează cu vid. Sigilați punga și gătiți în sous vide timp de 45 de minute la 167 F.

**Pannini cu cârnați italieni cu ierburi**

Timp de preparare + gătire: 3 ore 15 minute | Porții: 4

Ingrediente

1 kilogram de cârnați italian
1 ardei rosu taiat felii
1 ardei gras galben, feliat
1 ceapa taiata felii
1 catel de usturoi, tocat
1 cană suc de roşii
1 lingurita oregano uscat
1 lingurita busuioc uscat
1 lingurita ulei de masline
Sare si piper negru dupa gust
4 felii de pâine

Adrese

Pregătiți o baie de apă și puneți Sous Vide în ea. Setați-l la 138F.

Puneți cârnații într-o pungă sigilabilă în vid. Adauga in fiecare punga usturoiul, busuiocul, ceapa, ardeiul gras, sucul de rosii si oregano. Eliberați aerul prin metoda deplasării apei, sigilați și scufundați pungile în baia de apă. Gatiti 3 ore.

Odată ce cronometrul s-a oprit, scoateți cârnații și transferați-i într-o tigaie fierbinte. Prăjiți-le 1 minut pe fiecare parte. Pus deoparte. Adăugați ingredientele rămase în tigaie, asezonați cu sare și piper. Gatiti pana se evapora apa. Servește cârnații și restul ingredientelor între pâine.

**Anghinare cu lamaie si usturoi**

Timp de preparare + gătire: 2 ore 15 minute | Porții: 5

Ingrediente:

3 anghinare

Suc de 3 lămâi

1 lingura mustar

5 catei de usturoi, tocati

1 lingura ceapa verde tocata

4 linguri ulei de masline

Adrese:

Pregătiți o baie de apă și puneți Sous Vide în ea. Se încălzește la 195 F. Spălați și separați anghinarea. Puneți într-un recipient de plastic. Adăugați ingredientele rămase și agitați pentru a se acoperi bine. Puneți întregul amestec într-o pungă de plastic. Sigilați și scufundați punga în baia de apă. Setați cronometrul pentru 2 ore.

Odată ce cronometrul s-a oprit, scoateți punga și grătarul timp de un minut pe fiecare parte.

## Crochete cu gălbenuș Panko

Timp de preparare + gătire: 60 minute | Porții: 5

Ingrediente:

2 ouă plus 5 gălbenușuri

1 cană pesmet panko

3 linguri ulei de masline

5 linguri de faina

¼ de linguriță de condimente italiene

½ lingurita sare

¼ lingurita boia

Adrese:

Pregătiți o baie de apă și puneți Sous Vide în ea. Setați la 150 F. Puneți gălbenușul în apă (fără sac sau pahar) și gătiți timp de 45 de minute, întorcându-l la jumătate. Se lasa sa se raceasca putin. Bateți ouăle împreună cu celelalte ingrediente, cu excepția uleiului. Înmuiați gălbenușurile în amestecul de ou și panko.

Încinge uleiul într-o tigaie. Prăjiți gălbenușurile câteva minute pe fiecare parte, până devin aurii.

## Hummus Chile

Timp de preparare + gătire: 4 ore 15 minute | Porții: 9)

Ingrediente:

16 uncii de năut, înmuiat peste noapte și scurs

2 catei de usturoi, tocati

1 lingurita sriracha

¼ linguriță de pudră de chili

½ linguriță fulgi de chili

½ cană ulei de măsline

1 lingura de sare

6 căni de apă

Adrese:

Pregătiți o baie de apă și puneți Sous Vide în ea. Setați la 195 F. Puneți năutul și apa într-o pungă de plastic. Eliberați aerul prin metoda deplasării apei, sigilați și scufundați punga într-o baie de apă. Setați cronometrul pentru 4 ore.

Odată ce cronometrul s-a oprit, scoateți punga, scurgeți apa și transferați năutul într-un robot de bucătărie. Adăugați ingredientele rămase. Se amestecă până la omogenizare.

**Tobe de muștar**

Timp de preparare + gătire: 1 oră | Porții: 5

Ingrediente:

2 kg pulpe de pui
¼ cană muștar de Dijon
2 catei de usturoi, macinati
2 linguri de aminoacizi de cocos
1 lingurita sare roz de Himalaya
½ lingurita piper negru

Adrese:

Clătiți bețișoarele sub jet de apă rece. Scurgeți într-o strecurătoare mare și puneți deoparte.

Într-un castron mic, combinați Dijon cu usturoi zdrobit, aminoacizi de cocos, sare și piper. Răspândiți amestecul peste carne cu o perie de gătit și puneți-l într-o pungă mare cu vid. Sigilați punga și gătiți în sous vide timp de 45 de minute la 167 F.

## Rotunde de vinete cu fistic

Timp de preparare + gătire: 8 ore 10 minute | Porții: 8

Ingrediente:

3 vinete feliate

¼ cană fistic zdrobit

1 lingura miso

1 lingura mirin

2 lingurite ulei de masline

1 lingurita arpagic

Sare si piper negru dupa gust

Adrese:

Pregătiți o baie de apă și puneți Sous Vide în ea. Setați-l la 185F.

Se amestecă uleiul, mirinul, arpagicul, misoul și piperul. Ungeți feliile de vinete cu acest amestec. Puneți într-o pungă sigilabilă cu un singur strat și acoperiți cu fistic. Repetați procesul până când utilizați toate ingredientele. Eliberați aerul prin metoda deplasării apei, sigilați și scufundați punga într-o baie de apă.

Setați cronometrul pentru 8 ore. Odată ce cronometrul s-a oprit, scoateți punga și farfuria.

## Dip de mazăre verde

Timp de preparare + gătire: 45 minute | Porții: 8

Ingrediente:

2 căni de mazăre verde
3 linguri smântână groasă
1 lingura tarhon
1 catel de usturoi
1 lingurita ulei de masline
Sare si piper negru dupa gust
¼ cană de măr tocat

Adrese:

Pregătiți o baie de apă și puneți Sous Vide în ea. Setați la 185 F. Puneți toate ingredientele într-o pungă sigilabilă în vid. Eliberați aerul prin metoda deplasării apei, sigilați și scufundați punga într-o baie de apă. Setați cronometrul pentru 32 de minute. Odată ce cronometrul s-a oprit, scoateți punga și amestecați cu un mixer de mână până la omogenizare.

## Cartofi pai

Timp de preparare + gătire: 45 | Porții: 6

Ingrediente:

3 kg de cartofi, feliați
5 căni de apă
Sare si piper negru dupa gust
¼ lingurita de bicarbonat de sodiu

Adrese:

Pregătiți o baie de apă și puneți Sous Vide în ea. Setați la 195 F.

Puneți feliile de cartofi, apa, sarea și bicarbonatul de sodiu într-o pungă sigilată cu vid. Eliberati aerul prin metoda deplasării apei, sigilați și scufundați punga într-o baie de apă. Setați cronometrul pentru 25 de minute.

Între timp, încălziți uleiul într-o cratiță la foc mediu. Odată ce cronometrul s-a oprit, scoateți feliile de cartofi din saramură și uscați-le. Gatiti in ulei cateva minute, pana devin aurii.

## Salata de curcan cu castraveti

Timp de preparare + gătire: 2 ore 20 minute | Porții: 3

Ingrediente:

1 kg piept de curcan, feliat

½ cană supă de pui

2 catei de usturoi, tocati

2 linguri ulei de masline

1 lingurita sare

¼ lingurita de piper cayenne

2 foi de dafin

1 rosie tocata medie

1 ardei rosu mare, tocat

1 castravete mediu

½ linguriță de condimente italiene

Adrese:

Asezonați curcanul cu sare și piper cayenne. Puneți într-un aparat de etanșare cu vid împreună cu bulionul de pui, usturoiul și foile de dafin. Sigilați punga și gătiți în Sous Vide timp de 2 ore la 167 F. Scoateți și lăsați deoparte. Puneți legumele într-un castron mare și adăugați curcanul. Se amestecă cu condimente italiene și ulei de măsline. Se amestecă bine pentru a se combina și se servește imediat.

**bile de ghimbir**

Timp de preparare + gătire: 1 oră 30 minute | Porții: 3

Ingrediente:

1 kilogram de carne de vită tocată
1 cana ceapa tocata marunt
3 linguri ulei de masline
¼ cana coriandru proaspat, tocat marunt
¼ cana menta proaspata, tocata marunt
2 lingurite pasta de ghimbir
1 lingurita piper cayenne
2 lingurite de sare

Adrese:

Într-un castron mare, combinați carnea de vită, ceapa, uleiul de măsline, coriandru, menta, coriandru, pasta de ghimbir, piper cayenne și sare. Se modelează burgerii și se dau la frigider pentru 15 minute. Scoateți din frigider și transferați în pungi separate care se sigilează cu vid. Gătiți în Sous Vide timp de 1 oră la 154 F.

**Cod Bite Balls**

Timp de preparare + gătire: 105 minute | Porții: 5

Ingrediente:

12 uncii cod tocat

2 uncii de pâine

1 lingura de unt

¼ cană făină

1 lingura gris

2 linguri de apa

1 lingura de usturoi tocat

Sare si piper negru dupa gust

¼ lingurita boia

Adrese:

Pregătiți o baie de apă și puneți Sous Vide în ea. Setați la 125 F.

Combinați pâinea și apa și zdrobiți amestecul. Adăugați ingredientele rămase și amestecați bine pentru a omogeniza. Faceți bile cu amestecul.

Pulverizați o tigaie cu spray de gătit și gătiți biluțele la foc mediu aproximativ 15 secunde pe parte, până când sunt ușor prăjite. Puneți mușcăturile de cod într-o pungă sigilabilă în vid. Eliberați aerul prin metoda deplasării apei, sigilați și scufundați punga într-o baie de apă. Setați cronometrul pentru 1 oră și 30 de minute. Odată ce cronometrul s-a oprit, scoateți punga și serviți mușcăturile de cod. A se prezenta, frecventa.

## Morcovi pentru copii glazurati

Timp de preparare + gătire: 3 ore 10 minute | Porții: 4

Ingrediente:

1 cană morcovi mici

4 linguri de zahar brun

1 cană eșalotă tocată

1 lingura de unt

Sare si piper negru dupa gust

1 lingură mărar

Adrese:

Pregătiți o baie de apă și puneți Sous Vide în ea. Setați la 165 F. Puneți toate ingredientele într-o pungă sigilabilă în vid. Agitați pentru a acoperi. Eliberați aerul prin metoda deplasării apei, etanșați și scufundați-l în baia de apă. Setați cronometrul pentru 3 ore. Odată ce temporizatorul s-a oprit, scoateți punga. Se serveste fierbinte.

**aripioare de pui calde**

Timp de preparare + gătire: 4 ore 15 minute | Porții: 4

Ingrediente:

2 kilograme de aripioare de pui

½ baton de unt topit

¼ cană sos roșu iute

½ lingurita sare

Adrese:

Pregătiți o baie de apă și puneți Sous Vide în ea. Setați la 170 F. Asezonați puiul cu sare și puneți-l în 2 pungi sigilabile în vid. Eliberați aerul prin metoda deplasării apei, sigilați și scufundați în baie. Gatiti timp de 4 ore. Odată ce s-a făcut acest lucru, scoateți pungile. Bateți sosul și untul. Se amestecă aripioarele cu amestecul.

**Briose cu ceapă și bacon**

Timp de preparare + gătire: 3 ore 45 minute | Porții: 5

Ingrediente:

1 ceapa tocata

6 uncii de bacon, tocat

1 cană de făină

4 linguri de unt topit

1 ou

1 lingurita de bicarbonat de sodiu

1 lingura otet

¼ lingurita sare

Adrese:

Pregătiți o baie de apă și puneți Sous Vide în ea. Înființată în 196 F.

Între timp, într-o tigaie la foc mediu, gătiți baconul până devine crocant. Transferați într-un bol și adăugați ceapa în grăsimea de bacon și gătiți câteva minute, până când se înmoaie.

Transferați într-un bol și adăugați ingredientele rămase. Împărțiți aluatul de brioșe în 5 borcane mici. Asigurați-vă că nu umpleți mai mult de jumătate. Puneți borcanele într-o baie de apă și setați cronometrul pentru 3 ore și 30 de minute. Odată ce cronometrul s-a oprit, scoateți borcanele și serviți.

## Midiile în vin alb

Timp de preparare + gătire: 1 oră 20 minute | Porții: 3

Ingrediente:

1 kilogram de midii proaspete
3 linguri ulei de masline extravirgin
1 cana ceapa tocata marunt
¼ cana patrunjel proaspat, tocat marunt
3 linguri de cimbru proaspăt tocat
1 lingura coaja de lamaie
1 cană de vin alb sec

Adrese:

Într-o tigaie medie, încălziți uleiul. Adăugați ceapa și căleți până devine translucid. Adăugați coaja de lămâie, pătrunjelul și cimbru. Se amestecă bine și se transferă într-o pungă sigilabilă în vid. Adauga midiile si o cana de vin alb sec. Sigilați punga și gătiți în Sous Vide timp de 40 de minute la 104 F.

## Tamari porumb pe stiule

Timp de preparare + gătire: 3 ore 15 minute | Porții: 8

Ingrediente:

1 liră de știuleți de porumb
1 lingura de unt
¼ cană sos tamari
2 linguri de pasta miso
1 lingurita sare

Adrese:

Pregătiți o baie de apă și puneți Sous Vide în ea. Setați-l la 185F.

Se amestecă tamari, untul, miso și sarea. Puneți porumbul într-o pungă de plastic și turnați amestecul. Agitați pentru a acoperi. Eliberați aerul folosind metoda de deplasare a apei, sigilați și scufundați punga într-o baie de apă. Setați cronometrul pentru 3 ore. Odată ce temporizatorul s-a oprit, scoateți punga. Se serveste fierbinte.

**Scoici cu Bacon**

Timp de preparare + gătire: 50 minute | Porții: 6

Ingrediente:

10 uncii de scoici

3 uncii de slănină, feliată

½ ceapă rasă

½ lingurita piper alb

1 lingura ulei de masline

Adrese:

Pregătiți o baie de apă și puneți Sous Vide în ea. Setați-l la 140F.

Acoperiți scoicile cu ceapa mărunțită și înveliți cu felii de slănină. Stropiți cu piper alb și stropiți cu ulei. Puneți într-o pungă de plastic. Eliberați aerul folosind metoda de deplasare a apei, sigilați și scufundați punga într-o baie de apă. Setați cronometrul pentru 35 de minute. Odată ce temporizatorul s-a oprit, scoateți punga. A se prezenta, frecventa.

**Aperitiv cu creveți**

Timp de preparare + gătire: 75 minute | Porții: 8

Ingrediente:

1 kilogram de creveți
3 linguri ulei de susan
3 linguri suc de lamaie
½ cana patrunjel
Sare si piper alb dupa gust

Adrese:

Pregătiți o baie de apă și puneți Sous Vide în ea. Setați-l la 140F.

Pune toate ingredientele într-o pungă sigilată cu vid. Agitați pentru a acoperi bine creveții. Eliberați aerul folosind metoda de deplasare a apei, sigilați și scufundați punga într-o baie de apă. Setați cronometrul pentru 1 oră. Odată ce temporizatorul s-a oprit, scoateți punga. Se serveste fierbinte.

## Crema de ficat de pui

Timp de preparare + gătire: 5 ore 15 minute | Porții: 8

Ingrediente:

1 kilogram de ficat de pui

6 ouă

8 uncii de bacon, tocat

2 linguri sos de soia

3 uncii eșalotă tocată

3 linguri de otet

Sare si piper negru dupa gust

4 linguri de unt

½ lingurita boia

Adrese:

Pregătiți o baie de apă și puneți Sous Vide în ea. Setați-l la 156F.

Gatiti baconul intr-o tigaie la foc mediu, adaugati salota si gatiti 3 minute. Adăugați sos de soia și oțet. Transferați într-un blender împreună cu ingredientele rămase. Se amestecă până la omogenizare. Pune toate ingredientele într-un borcan de sticlă și sigilează. Gatiti 5 ore. Odată ce cronometrul s-a oprit, scoateți borcanul și serviți.

## Legume de dovleac cu ghimbir

Timp de preparare + gătire: 70 minute | Porții: 8

Ingrediente:

14 uncii de dovleac
1 lingura de ghimbir ras
1 lingurita de unt topit
1 lingurita suc de lamaie
Sare si piper negru dupa gust
¼ linguriță de turmeric

Adrese:

Pregătiți o baie de apă și puneți Sous Vide în ea. Setați-l la 185F.

Curățați și tăiați dovleacul în felii. Pune toate ingredientele într-o pungă sigilată cu vid. Agitați pentru a acoperi bine. Eliberați aerul prin metoda deplasării apei, sigilați și scufundați punga într-o baie de apă. Setați cronometrul pentru 55 de minute. Odată ce temporizatorul s-a oprit, scoateți punga. Se serveste fierbinte.

**cozi de homar**

Timp de preparare + gătire: 50 minute | Porții: 6

Ingrediente:

1 kg cozi de homar, granulate
½ lămâie
½ linguriță de usturoi pudră
¼ lingurita praf de ceapa
1 lingura rozmarin
1 lingurita ulei de masline

Adrese:

Pregătiți o baie de apă și puneți Sous Vide în ea. Setați-l la 140F.

Condimentam homarul cu usturoi și praf de ceapă. Puneți într-o pungă sigilabilă în vid. Adăugați restul ingredientelor și agitați pentru a acoperi. Eliberați aerul folosind metoda de deplasare a apei, sigilați și scufundați punga într-o baie de apă. Setați cronometrul pentru 40 de minute. Odată ce temporizatorul s-a oprit, scoateți punga. Se serveste fierbinte.

**BBQ Tofu**

Timp de preparare + gătire: 2 ore 15 minute | Porții: 8

Ingrediente:

15 uncii de tofu
3 linguri sos gratar
2 linguri sos tamari
1 lingurita praf de ceapa
1 lingurita sare

Adrese:

Pregătiți o baie de apă și puneți Sous Vide în ea. Setați-l la 180F.

Tăiați tofu-ul în cuburi. Puneți-l într-o pungă de plastic. Eliberați aerul folosind metoda de deplasare a apei, sigilați și scufundați punga într-o baie de apă. Setați cronometrul pentru 2 ore.

Odată ce cronometrul s-a oprit, scoateți punga și transferați-o într-un bol. Adăugați ingredientele rămase și amestecați pentru a se combina.

## Pâine prăjită franțuzească gustoasă

Timp de preparare + gătire: 100 minute | Porții: 2

Ingrediente:

2 oua

4 felii de pâine

½ cană de lapte

½ lingurita de scortisoara

1 lingura unt topit

Adrese:

Pregătiți o baie de apă și puneți Sous Vide în ea. Setați la 150 F.

Bateți ouăle, laptele, untul și scorțișoara. Puneți feliile de pâine într-o pungă sigilată în vid și turnați amestecul de ouă. Agitați pentru a acoperi bine. Eliberați aerul folosind metoda de deplasare a apei, sigilați și scufundați punga într-o baie de apă. Setați cronometrul pentru 1 oră și 25 de minute. Odată ce temporizatorul s-a oprit, scoateți punga. Se serveste fierbinte.

**Rață dulce și condimentată**

Timp de preparare + gătire: 70 minute | Porții: 4

Ingrediente:

1 kilogram piept de rata

1 lingurita de cimbru

1 lingurita oregano

2 linguri de miere

½ linguriță de pudră de chili

½ lingurita boia

1 lingurita sare de usturoi

1 lingura ulei de susan

Adrese:

Pregătiți o baie de apă și puneți Sous Vide în ea. Setați la 158 F.

Se amestecă mierea, uleiul, mirodeniile și ierburile. Frecați rata cu amestecul și puneți-o într-o pungă sigilată în vid. Eliberați aerul prin metoda deplasării apei, sigilați și scufundați punga într-o baie de apă. Setați cronometrul pentru 60 de minute.

Odată ce cronometrul s-a oprit, scoateți punga și tăiați pieptul de rață. Se serveste fierbinte.

## Rubarbă Murată Sous Vide

Timp de preparare + gătire: 40 minute | Porții: 8

Ingrediente:

2 kilograme de rubarbă, feliată
7 linguri otet de mere
1 lingura zahar brun
¼ tulpină de țelină, tocată
¼ lingurita sare

Adrese:

Pregătiți o baie de apă și puneți Sous Vide în ea. Setați la 180 F. Puneți toate ingredientele într-o pungă sigilabilă în vid. Agitați pentru a acoperi bine. Eliberați aerul folosind metoda de deplasare a apei, sigilați și scufundați punga în baie de apă, gătiți timp de 25 de minute. Odată ce temporizatorul s-a oprit, scoateți punga. Se serveste fierbinte.

## Chiftele de curcan

Timp de preparare + gătire: 2 ore 10 minute | Porții: 4

Ingrediente:

12 uncii de curcan măcinat
2 lingurite sos de rosii
1 ou
1 lingurita coriandru
1 lingura de unt
Sare si piper negru dupa gust
1 lingură pesmet
½ linguriță de cimbru

Adrese:

Pregătiți o baie de apă și puneți Sous Vide în ea. Setați-l la 142F.

Combinați toate ingredientele într-un bol. Formați amestecul în chiftele. Puneți într-o pungă sigilabilă în vid. Eliberați aerul folosind metoda de deplasare a apei, sigilați și scufundați punga într-o baie de apă. Setați cronometrul pentru 2 ore.

Odată ce temporizatorul s-a oprit, scoateți punga. Se serveste fierbinte.

**Pulpe dulci cu roșii uscate la soare**

Timp de preparare + gătire: 75 minute | Porții: 7)

Ingrediente:

2 kg pulpe de pui
3 uncii de roșii uscate la soare, tocate
1 ceapa galbena tocata
1 lingurita rozmarin
1 lingura de zahar
2 linguri ulei de masline
1 ou bătut

Adrese:

Pregătiți o baie de apă și puneți Sous Vide în ea. Setați-l la 149F.

Combinați toate ingredientele într-o pungă sigilată sub vid și agitați pentru a acoperi bine. Eliberați aerul folosind metoda de deplasare a apei, sigilați și scufundați punga într-o baie de apă. Setați cronometrul pentru 63 de minute. Odată ce cronometrul s-a oprit, scoateți punga și serviți după cum doriți.

**Pui Adobe**

Timp de preparare + gătire: 4 ore 25 minute | Porții: 6

Ingrediente:

2 kg pulpe de pui
3 linguri boabe de piper
1 cană supă de pui
½ cană sos de soia
2 linguri de otet
1 lingura praf de usturoi

Adrese:

Pregătiți o baie de apă și puneți Sous Vide în ea. Setați-l la 155F.

Pune puiul, sosul de soia și pudra de usturoi într-o pungă sigilată cu vid. Eliberați aerul prin metoda deplasării apei, sigilați și scufundați punga într-o baie de apă. Setați cronometrul pentru 4 ore. Odată ce cronometrul s-a oprit, scoateți punga și puneți-o într-o cratiță. Adăugați ingredientele rămase. Gatiti inca 15 minute.

## Chorizo fructat "Comeme"

Timp de preparare + gătire: 75 minute | Porții: 4

Ingrediente

2½ căni de struguri albi fără semințe, tulpinile îndepărtate
1 lingura rozmarin proaspat tocat
2 linguri de unt
4 cârnați chorizo
2 linguri de otet balsamic
Sare si piper negru dupa gust

Adrese

Pregătiți o baie de apă și puneți Sous Vide în ea. Setați la 165 F. Puneți untul, strugurii albi, rozmarinul și chorizo într-o pungă sigilată cu vid. Agită bine. Eliberați aerul prin metoda deplasării apei, sigilați și scufundați punga în baia de apă. Gatiti 60 de minute.

Odată ce cronometrul s-a oprit, transferați amestecul de chorizo pe o farfurie. Turnați lichidele de gătit într-o cratiță fierbinte împreună cu strugurii și oțetul balsamic. Se amestecă timp de 3 minute. Top chorizo cu sos de struguri.

**Pui și ciuperci în sos Marsala**

Timp de preparare + gătire: 2 ore 25 minute | Porții: 2

Ingrediente:

2 piept de pui, dezosat si fara piele

1 cană de vin Marsala

1 cană supă de pui

14 uncii de ciuperci, feliate

½ lingură de făină

1 lingura de unt

Sare si piper negru dupa gust

2 catei de usturoi, tocati

1 șalotă tocată

Adrese:

Pregătiți o baie de apă și puneți Sous Vide în ea. Setați la 140 F. Asezonați puiul cu sare și piper și puneți-l într-o pungă sigilată în vid împreună cu ciupercile. Eliberați aerul prin metoda deplasării apei, etanșați și scufundați-l într-o baie de apă. Gatiti 2 ore.

Odată ce temporizatorul s-a oprit, scoateți punga. Topim untul intr-o tigaie la foc mediu, adaugam faina si restul ingredientelor. Gatiti pana se ingroasa sosul. Adăugați pui și gătiți timp de 1 minut.

## Caise vanilie cu whisky

Timp de preparare + gătire: 45 minute | Porții: 4

Ingrediente

2 caise, fără sâmburi și tăiate în sferturi

½ cană de whisky de secară

½ cană zahăr ultrafin

1 lingurita extract de vanilie

Sarat la gust

Adrese

Pregătiți o baie de apă și puneți Sous Vide în ea. Setați la 182 F. Puneți toate ingredientele într-o pungă sigilabilă în vid. Eliberați aerul prin metoda deplasării apei, etanșați și scufundați-l într-o baie de apă. Gatiti 30 de minute. Odată ce cronometrul s-a oprit, scoateți punga și transferați-o într-o baie de gheață.

## Hummus ușor condimentat

Timp de preparare + gătire: 3 ore 35 minute | Porții: 6

Ingrediente

1½ cani de naut uscat, inmuiat peste noapte

2 litri de apă

¼ cană suc de lămâie

¼ cană pastă de tahini

2 catei de usturoi, tocati

2 linguri ulei de masline

½ linguriță de seminţe de chimen

½ lingurita sare

1 lingurita piper cayenne

Adrese

Pregătiți o baie de apă și puneți Sous Vide în ea. Înfiinţată în 196 F.

Se strecoară năutul și se pune într-o pungă sigilabilă în vid cu 1 litru de apă. Eliberați aerul prin metoda deplasării apei, sigilați și scufundați punga în baia de apă. Gatiti 3 ore. Odată ce cronometrul s-a oprit, scoateți punga și transferați-o într-o baie de apă cu gheață și lăsați să se răcească.

Într-un blender, amestecați sucul de lămâie și pasta de tahini timp de 90 de secunde. Adăugați usturoiul, uleiul de măsline, semințele de chimen și sarea, amestecați timp de 30 de secunde până la omogenizare. Scoateți năutul și scurgeți-l. Pentru un hummus mai fin, curățați năutul.

Într-un robot de bucătărie, combinați jumătate din năut cu amestecul de tahini și amestecați timp de 90 de secunde. Adăugați năutul rămas și amestecați până la omogenizare. Amestecul se pune pe o farfurie si se decoreaza cu piper cayenne si nautul rezervat.

**Tobe de tei Kaffir**

Timp de preparare + gătire: 80 minute | Porții: 7)

Ingrediente:

16 uncii pulpe de pui

2 linguri frunze de coriandru

1 lingurita menta uscata

1 lingurita de cimbru

Sare si piper alb dupa gust

1 lingura ulei de masline

1 lingura frunze de lime kaffir tocate

Adrese:

Pregătiți o baie de apă și puneți Sous Vide în ea. Setați la 153 F. Puneți toate ingredientele într-o pungă sigilabilă în vid. Masați pentru a acoperi bine puiul. Eliberați aerul prin metoda deplasării apei, sigilați și scufundați punga într-o baie de apă. Setați cronometrul pentru 70 de minute. Odată ce ați făcut acest lucru, scoateți punga. Se serveste fierbinte.

## Piure de cartofi cu lapte cu rozmarin

Timp de preparare + gătire: 1 oră 45 minute | Porții: 4

Ingrediente

2 kilograme de cartofi roșii

5 catei de usturoi

8 oz unt

1 cană lapte integral

3 crengute de rozmarin

Sare si piper alb dupa gust

Adrese

Pregătiți o baie de apă și puneți Sous Vide în ea. Setați la 193 F. Spălați cartofii, curățați și tăiați felii. Luați usturoiul, curățați-l și zdrobiți-l. Combinați cartofii, usturoiul, untul, 2 linguri de sare și rozmarinul. Puneți într-o pungă sigilabilă în vid. Eliberați aerul prin metoda deplasării apei, sigilați și scufundați punga în baia de apă. Gatiti 1 ora si 30 de minute.

Odată ce cronometrul s-a oprit, scoateți punga și transferați-o într-un castron și pasați. Se amestecă untul și laptele. Condimentați cu sare și piper. Acoperiți cu rozmarin și serviți.

**Frigarui de tofu dulci cu legume**

Timp de preparare + gătire: 65 minute | Porții: 8)

Ingrediente

1 dovlecel, feliat

1 vinete feliate

1 ardei galben tocat

1 ardei rosu tocat

1 ardei verde tocat

16 uncii de brânză tofu

¼ cană ulei de măsline

1 lingurita miere

Sare si piper negru dupa gust

Adrese

Pregătiți o baie de apă și puneți Sous Vide în ea. Setați-l la 186F.

Puneți dovleceii și vinetele într-o pungă sigilată sub vid. Puneți bucățile de ardei într-o pungă cu vid. Eliberați aerul prin metoda deplasării apei, sigilați și scufundați pungile în baia de apă. Gatiti 45 de minute. După 10 minute, încălziți o tigaie la foc mediu.

Se strecoară tofu şi se usucă. Tăiați în cuburi. Ungeți cu ulei de măsline şi transferați în tigaie şi prăjiți până se rumenesc pe fiecare parte. Transferați într-un castron, turnați mierea şi acoperiți. Lasa sa se raceasca. Odată ce temporizatorul s-a oprit, scoateți pungile şi transferați tot conținutul într-un recipient. Condimentați cu sare şi piper. Aruncați sucurile de gătit. Aranjați legumele şi tofu, alternativ, pe frigărui.

### File de pui la Dijon

Timp de preparare + gătire: 65 minute | Porții: 4

Ingrediente:

1 kg file de pui

3 linguri muștar de Dijon

2 cepe ras

2 linguri amidon de porumb

½ cană de lapte

1 lingura coaja de lamaie

1 lingurita de cimbru

1 lingurita oregano

Sare usturoi si piper negru dupa gust

1 lingura ulei de masline

Adrese:

Pregătiți o baie de apă și puneți Sous Vide în ea. Setați la 146 F. Bateți toate ingredientele și puneți-le într-o pungă sigilabilă în vid. Eliberați aerul folosind metoda de deplasare a apei, sigilați și scufundați punga într-o baie de apă. Setați cronometrul pentru 45 de minute. Odată ce cronometrul s-a oprit, scoateți punga și transferați-o într-o cratiță și gătiți la foc mediu timp de 10 minute.

**Ardei umpluti cu morcovi si nuci**

Timp de preparare + gătire: 2 ore 35 minute | Porții: 5

Ingrediente

4 salote tocate

4 morcovi tocati

4 catei de usturoi, tocati

1 cană caju crude, înmuiate și scurse

1 cană nuci, înmuiate și scurse

1 lingura otet balsamic

1 lingura sos de soia

1 lingura chimen macinat

2 lingurite de boia

1 lingurita praf de usturoi

1 praf de piper cayenne

4 crengute de cimbru proaspat

Zest de 1 lămâie

4 ardei grasi, feliati si fara samburi

Adrese

Pregătiți o baie de apă și puneți Sous Vide în ea. Setați-l la 186F.

Combinați morcovii, usturoiul, eșalota, caju, nucile, oțetul balsamic, sosul de soia, chimenul, boia de ardei, pudra de usturoi, ardeiul cayenne, cimbru și coaja într-un blender. Se amestecă până la aproximativ.

Turnați amestecul în cojile de ardei și puneți-l într-o pungă sigilabilă în vid. Eliberați aerul prin metoda deplasării apei, sigilați și scufundați punga în baia de apă. Gatiti 1 ora si 15 minute. Odată ce cronometrul s-a oprit, scoateți ardeii și transferați-i pe o farfurie.

## Rata portocala cu boia si cimbru

Timp de preparare + gătire: 15 ore 10 minute | Porții: 4

Ingrediente:

16 uncii pulpe de rață
1 lingurita coaja de portocala
2 linguri frunze de kafir
1 lingurita sare
1 lingurita de zahar
1 lingura suc de portocale
2 lingurite ulei de susan
½ lingurita boia
½ linguriță de cimbru

Adrese:

Pregătiți o baie de apă și puneți Sous Vide în ea. Setați la 160 F. Turnați toate ingredientele într-o pungă sigilabilă în vid. Masați pentru a se combina bine. Eliberați aerul folosind metoda de deplasare a apei, sigilați și scufundați punga într-o baie de apă. Setați cronometrul pentru 15 ore.

Odată ce temporizatorul s-a oprit, scoateți punga. Se serveste fierbinte.

**Pulpă de curcan înfășurată cu slănină**

Timp de preparare + gătire: 6 ore 15 minute | Porții: 5

Ingrediente:

14 uncii pulpă de curcan

5 uncii de slănină, feliată

½ linguriță fulgi de chili

2 lingurite ulei de masline

1 lingura smantana

½ lingurita oregano

½ lingurita boia

¼ lămâie, feliată

Adrese:

Pregătiți o baie de apă și puneți Sous Vide în ea. Setați-l la 160F.

Combinați ierburile și condimentele cu smântâna într-un bol și ungeți curcanul cu o perie. Înveliți în bacon și stropiți cu ulei de măsline. Puneți într-o pungă sigilabilă în vid împreună cu lămâia. Eliberați aerul prin metoda deplasării apei, sigilați și scufundați punga într-o baie de apă. Setați cronometrul pentru

6 ore. Odată ce cronometrul s-a oprit, scoateți punga și tăiați. Se serveste fierbinte.

**Amestecul de sparanghel și tarhon**

Timp de preparare + gătire: 25 minute | Porții: 3

Ingrediente:

1 ½ lb sparanghel mediu

5 linguri de unt

2 linguri suc de lamaie

½ lingurita coaja de lamaie

1 lingură arpagic feliat

1 lingura patrunjel tocat

1 lingura + 1 lingura marar proaspat tocat

1 lingura + 1 lingura tarhon, tocat

Adrese:

Faceți o baie de apă, puneți Sous Vide în ea și setați la 183 F. Tăiați și aruncați fundul strâns al sparanghelului. Puneți sparanghelul într-o pungă sigilată cu vid.

Eliberați aerul folosind metoda de deplasare a apei, etanșați și scufundați-l în baia de apă și setați temporizatorul pentru 10 minute.

Odată ce temporizatorul s-a oprit, scoateți sacul și deschideți-l. Se pune o tigaie la foc mic, se adauga untul si sparanghelul aburit. Se condimentează cu sare și piper și se amestecă continuu. Adăugați zeama și coaja de lămâie și gătiți timp de 2 minute.

Opriți focul și adăugați pătrunjelul, 1 lingură mărar și 1 lingură tarhon. Se amestecă uniform. Se ornează cu restul de mărar și tarhon. Se servește fierbinte ca garnitură.

## Fripturi picante de conopida

Timp de preparare + gătire: 35 minute | Porții: 5

Ingrediente:

1 kg de conopidă, feliată
1 lingura turmeric
1 lingurita pudra de chili
½ linguriță de usturoi pudră
1 lingurita sriracha
1 lingura chipotle
1 lingura grea
2 linguri de unt

Adrese:

Pregătiți o baie de apă și puneți Sous Vide în ea. Setați-l la 185F.

Bateți toate ingredientele, mai puțin conopida. Ungeți fileurile de conopidă cu amestec. Puneți-le într-o pungă sigilată cu vid. Eliberați aerul folosind metoda de deplasare a apei, sigilați și scufundați punga într-o baie de apă. Setați cronometrul pentru 18 minute.

Odată ce cronometrul s-a oprit, scoateți punga și preîncălziți grătarul și gătiți fripturile timp de un minut pe fiecare parte.

## Fâșii de cartofi Cayenne cu sos de maioneză

Timp de preparare + gătire: 1 oră 50 minute | Porții: 6

Ingrediente

2 cartofi aurii mari, taiati fasii

Sare si piper negru dupa gust

1 ½ lingură ulei de măsline

1 lingurita de cimbru

1 lingurita boia

½ lingurita piper cayenne

1 galbenus de ou

2 linguri otet de cidru

¾ cană ulei vegetal

Sare si piper negru dupa gust

Adrese

Pregătiți o baie de apă și puneți Sous Vide în ea. Setați la 186 F. Puneți cartofii cu un praf de sare într-o pungă sigilabilă în vid. Eliberați aerul prin metoda deplasării apei, etanșați și scufundați-l într-o baie de apă. Gatiti 1 ora si 30 de minute.

Odată ce cronometrul s-a oprit, scoateți cartofii și uscați-i cu un prosop de bucătărie. Aruncați sucurile de gătit. Încinge uleiul într-o tigaie la foc mediu. Adăugați chipsurile și stropiți cu boia de ardei, cayenne, cimbru, piper negru și sare rămasă. Se amestecă timp de 7 minute până când cartofii devin maro auriu pe toate părțile.

Pentru a face maioneza: amestecați bine gălbenușul de ou și jumătate din oțet. Se toarnă încet uleiul vegetal, amestecând, până se omogenizează. Adăugați oțetul rămas. Se condimentează cu sare și piper și se amestecă bine. Se serveste cu cartofi prajiti.

**Rață untoasă și dulce**

Timp de preparare + gătire: 7 ore 10 minute | Porții: 7)

Ingrediente:

2 kg aripi de rață

2 linguri de zahar

3 linguri de unt

1 lingura sirop de artar

1 lingurita piper negru

1 lingurita sare

1 lingura pasta de rosii

Adrese:

Pregătiți o baie de apă și puneți Sous Vide în ea. Setați-l la 175F.

Bateți ingredientele într-un bol și întindeți aripioarele cu amestecul. Puneți aripioarele într-un sac sigilat cu vid și turnați peste amestecul rămas. Eliberați aerul folosind metoda de deplasare a apei, sigilați și scufundați punga într-o baie de apă. Setați cronometrul pentru 7 ore. Odată ce cronometrul s-a oprit, scoateți punga și tăiați. Se serveste fierbinte.

**igname de unt**

Timp de preparare + gătire: 1 oră 10 minute | Porții: 4

Ingrediente

1 kilogram igname, feliat
8 linguri de unt
½ cană smântână groasă
Sarat la gust

Adrese

Pregătiți o baie de apă și puneți Sous Vide în ea. Setați la 186 F. Combinați smântâna groasă, ignama, sarea cușer și untul. Puneți într-o pungă sigilabilă în vid. Eliberați aerul prin metoda deplasării apei, sigilați și scufundați punga în baia de apă. Gatiti 60 de minute.

Odată ce temporizatorul s-a oprit, scoateți punga și turnați conținutul într-un recipient. Folosind un robot de bucătărie, amestecați bine și serviți.

## Quiche cu spanac și ciuperci

Timp de preparare + gătire: 20 minute | Porții: 2

Ingrediente:

1 cană ciuperci cremini proaspete, feliate
1 cană spanac proaspăt tocat
2 ouă mari, bătute
2 linguri lapte integral
1 catel de usturoi, tocat
¼ cană parmezan ras
1 lingura de unt
½ lingurita sare

Adrese:

Spălați ciupercile sub jet de apă rece și tăiați-le în felii subțiri. Pus deoparte. Spanacul se spala bine si se toaca grosier.

Într-o pungă mare sigilată sub vid, puneți ciupercile, spanacul, laptele, usturoiul și sarea. Sigilați punga și gătiți în sous vide timp de 10 minute la 180 F.

Între timp, topeşte untul într-o cratiţă mare la foc mediu. Scoateţi amestecul de legume din pungă şi adăugaţi-l într-o cratiţă. Gatiti 1 minut si apoi adaugati ouale batute. Se amestecă bine până se încorporează şi se fierbe până se întăresc ouăle. Se presară cu brânză rasă şi se ia de pe foc pentru a servi.

**Porumb unt mexican**

Timp de preparare + gătire: 40 minute | Porții: 2

Ingrediente

2 spice de porumb, decojite

2 linguri de unt rece

Sare si piper negru dupa gust

¼ cană maioneză

½ lingură pudră de chili în stil mexican

½ lingurita coaja de lime

¼ cană brânză feta mărunțită

¼ cană coriandru proaspăt tocat

Felii de lime pentru a servi

Adrese

Pregătiți o baie de apă și puneți Sous Vide în ea. Setați-l la 183 F.

Puneți știuleții de porumb și untul într-o pungă sigilată cu vid. Condimentați cu sare și piper. Eliberați aerul prin metoda deplasării apei, sigilați și scufundați punga în baia de apă. Gatiti 30 de minute.

Odată ce cronometrul s-a oprit, scoateți porumbul. Într-o pungă mică, puneți maioneza, coaja de lime și pudra de chili. Agită bine. Pe o farfurie punem branza feta. Ungeți porumbul pe știuleți cu 1 lingură amestec de maioneză și rulați peste brânză. Decorați cu sare. A se prezenta, frecventa.

**Pere cu brânză și nuci**

Timp de preparare + gătire: 55 minute | Porții: 2

Ingrediente

1 pară feliată

1 kilogram de miere

½ cană de nuci

4 linguri de brânză Grana Padano rasă

2 cesti frunze de rucola

Sare si piper negru dupa gust

2 linguri suc de lamaie

2 linguri ulei de masline

Adrese

Pregătiți o baie de apă și puneți Sous Vide în ea. Setați la 158 F. Combinați mierea și perele. Puneți într-o pungă sigilabilă în vid. Eliberați aerul prin metoda deplasării apei, sigilați și scufundați punga în baia de apă. Gatiti 45 de minute. Odată ce temporizatorul s-a oprit, scoateți punga și transferați-o într-un recipient. Acoperiți cu pansament.

## Broccoli și piure de brânză albastră

Timp de preparare + gătire: 1 oră 40 minute | Porții: 6

Ingrediente

1 cap de broccoli, taiat buchetele
3 linguri de unt
Sare si piper negru dupa gust
1 lingura patrunjel
5 oz brânză albastră, mărunțită

Adrese

Pregătiți o baie de apă și puneți Sous Vide în ea. Setați-l la 186F.

Puneți broccoli, untul, sarea, pătrunjelul și piperul negru într-o pungă sigilată în vid. Eliberați aerul prin metoda deplasării apei, sigilați și scufundați punga în baia de apă. Gatiti 1 ora si 30 de minute.

Odată ce cronometrul s-a oprit, scoateți punga și transferați-o într-un blender. Pune brânza înăuntru și amestecă la viteză mare timp de 3-4 minute până se omogenizează. A se prezenta, frecventa.

**Dovlecel cu curry**

Timp de preparare + gătire: 40 minute | Porții: 3

Ingrediente:

3 dovlecei mici, tăiați cubulețe
2 lingurițe pudră de curry
1 lingura ulei de masline
Sare si piper negru dupa gust
¼ cană coriandru

Adrese:

Faceți o baie de apă, puneți Sous Vide în ea și setați la 185 F. Puneți dovlecelul într-o pungă sigilabilă în vid. Eliberați aerul prin metoda deplasării apei, sigilați și scufundați punga în baia de apă. Gatiti 20 de minute. Odată ce temporizatorul s-a oprit, scoateți și deschideți punga. Pune o tigaie la foc mediu, adauga ulei de masline. După ce s-a încălzit, adăugați dovlecelul și restul ingredientelor enumerate. Se condimenteaza cu sare si se caleste 5 minute. Serviți ca garnitură.

## Cartofi dulci la cuptor cu nuci

Timp de preparare + gătire: 3 ore 45 minute | Porții: 2

Ingrediente

1 kg de cartofi dulci, feliați

Sarat la gust

¼ cană nuci

1 lingura ulei de cocos

Adrese

Pregătiți o baie de apă și puneți Sous Vide în ea. Setați la 146 F. Puneți cartofii și sarea într-o pungă sigilabilă în vid. Eliberați aerul prin metoda deplasării apei, sigilați și scufundați punga în baia de apă. Gatiti 3 ore. Încinge o tigaie la foc mediu și prăjește nucile. Tăiați-le.

Preîncălziți plicul la 375 F și tapetați o foaie de copt cu hârtie de copt. Odată ce cronometrul s-a oprit, scoateți cartofii și transferați-i pe tava de copt. Stropiți cu ulei de cocos și coaceți timp de 20-30 de minute. Se amestecă o dată. Se serveste deasupra cu nuci prajite.

**Sfeclă murată picant**

Timp de preparare + gătire: 50 minute | Porții: 4

Ingrediente

12 oz de sfeclă, feliată

½ ardei jalapeno

1 catel de usturoi, tocat

2/3 cana otet alb

2/3 cană de apă

2 linguri de condiment murat

Adrese

Pregătiți o baie de apă și puneți Sous Vide în ea. Setați la 192 F. În 5 borcane de zidărie, combinați ardeiul jalapeno, sfecla și căței de usturoi.

Se încălzește o cratiță și se fierbe murăturile, apa și oțetul alb. Se scurge si se toarna peste amestecul de sfecla din interiorul borcanelor. Sigilați și scufundați borcanele în baia de apă. Gatiti 40 de minute. Odată ce cronometrul s-a oprit, scoateți borcanele și lăsați-le să se răcească. A se prezenta, frecventa.

**Porumb unt picant**

Timp de preparare + gătire: 35 minute | Porții: 5

Ingrediente

5 linguri de unt
5 spice de porumb galben, decorticate
1 lingura patrunjel proaspat
½ lingurita piper cayenne
Sarat la gust

Adrese

Pregătiți o baie de apă și puneți Sous Vide în ea. Setați-l la 186F.

Puneți 3 spice de porumb în fiecare pungă sigilabilă în vid. Eliberați aerul prin metoda deplasării apei, sigilați și scufundați pungile în baia de apă. Gatiti 30 de minute. Odată ce cronometrul s-a oprit, scoateți porumbul din pungi și transferați-l pe o farfurie. Se ornează cu piper cayenne și pătrunjel.

www.ingramcontent.com/pod-product-compliance
Lightning Source LLC
Chambersburg PA
CBHW071824110526
44591CB00011B/1204